Bernard Marie

Frère Bernard Marie, du tiers ordre franciscain, est à la fois historien et théologien, diplômé de grec, d'hébreu et d'araméen. Il est l'auteur de nombreux ouvrages spirituels d'inspiration biblique.

LE CINQUIÈME ÉVANGILE

d'après les agrapha
et quelques mystiques

Fr. BERNARD-MARIE, o.f.s.
diplômé d'araméen, d'hébreu et de grec bibliques
docteur en théologie

LE CINQUIÈME ÉVANGILE

d'après les agrapha et quelques mystiques

PRESSES DE LA RENAISSANCE

Nihil obstat : Paris, le 22 septembre 1997
M. Dupuy, p.s.s.

Imprimatur : Paris, le 22 septembre 1997
Mgr M. Vidal, v.é.

Avertissement : l'auteur et l'éditeur croient ici utile de rappeler que le présent Imprimatur ne prétend nullement se prononcer sur la valeur intrinsèque, historique et théologique, de l'essai qui suit, mais seulement garantir qu'aucun élément de son contenu ne paraît contraire à la foi catholique et aux bonnes mœurs.

ISBN 2-266-09301-0

INTRODUCTION

La finale du 4e Évangile est claire : « Jésus a réalisé encore tellement de choses que, s'il fallait les relater par le détail, le monde lui-même ne suffirait pas à contenir tous les livres qu'on pourrait en écrire » (Jn 21,25). Derrière cette manière tout orientale de dire se cache une vérité théologique souvent méconnue, même des chrétiens. On pourrait la formuler ainsi : toute action humaine de Jésus était assumée par un seul et unique “Je” divin. De ce fait, chez lui, Verbe divin incarné, la moindre action ou pensée prenait aussitôt une dimension d'importance éternelle. Elle plongeait jusqu'aux profondeurs infinies de l'essence divine. Réaliser cela dans la foi, c'est du même coup comprendre l'intérêt de toute nouvelle connaissance authentique sur le Jésus de l'histoire.

Pour avancer sur cette voie d'une meilleure intelligence du Christ historique, bien des approches sont possibles. L'archéologie, la papyrologie*[1] et la linguistique en sont trois particulièrement utiles. Nous les utiliserons ici même constamment, quoique discrètement. Nous tâcherons, notamment, de pénétrer la saveur de nombreuses variantes textuelles des Évangiles grecs, syriaques, latins, etc. Même parmi ces variantes réputées tardives, il se trouve des perles tout à fait dignes de figurer dans nos bibles actuelles, et donc dans ce livre. Qui pourrait soutenir qu'elles soient dépourvues de toute inspiration de l'Esprit, elles qui justement ont été précieusement conservées dans de vénérables évangéliaires qui nourrirent la foi de plusieurs générations de chrétiens ?

Nous tenterons également une autre approche. Elle consistera à repérer, chez les écrivains profanes ou religieux des premiers siècles — ce qui inclut la vaste littérature des évangiles apocryphes* —, les quelques paroles de Jésus ignorées des quatre Évangiles canoniques, mais qui seraient tout à fait dignes d'y figurer. Nous en avons même lu de fort belles dans de vieux récits rabbiniques issus en partie du Talmud, les *Toledoth Yeshuh*, qui sont loin d'être des récits entièrement négatifs et fabulés, tant s'en faut. Beaucoup se sont essayés à ce genre de collecte, par exemple, après 1948, Joachim Jeremias. Quand une telle recherche est menée scientifiquement, le profit est loin d'être nul. Ainsi, plusieurs de ces "logia*" christiques viennent jeter une précieuse

---

1. Les mots suivis d'un astérique renvoient au glossaire final. On pourra également consulter, en fin d'ouvrage, un index des noms et une brève bibliographie.

lumière sur ces courts passages évangéliques, qui, pour être canoniques, n'en sont pas moins marqués d'une certaine obscurité ou imprécision. Pour rendre à ces paroles quasiment inconnues — les agrapha* — leur statut d'universalité, nous avons plusieurs fois pris la liberté de les enchâsser dans de petits écrins littéraires de notre main, mais en veillant à ce que pratiquement tous les mots et toutes les idées utilisés soient empruntés au monde biblique, notamment aux Évangiles.

Nous nous sommes également risqué sur le sentier d'une approche encore plus marginale. Dans ce dernier cas, notre donné de départ ne fut plus tel antique document bien connu des spécialistes, mais la parole quasi contemporaine d'un baptisé favorisé d'une sorte de don de « retour vers le passé ». Dans l'histoire de l'Église, on a surtout prêté attention aux voyants qui manifestaient une authentique union à Dieu et dont les visions ne contredisaient pas directement les déclarations évangéliques les plus essentielles. Concernant la fiabilité de ces curieux *témoins*, l'Église n'a jamais voulu trancher, même pour ceux qu'elle a voulu elle-même porter sur les autels du fait de leur pratique héroïque des vertus.

Pour élaborer ce prolongement évangélique, celui des mystiques, nous avons personnellement choisi de retenir un certain nombre de grands visionnaires chrétiens — entre autres, la vénérable Marie d'Agréda (1602-1665), une Espagnole ; la sœur ursuline Anne-Catherine Emmerich (1774-1824), une Allemande ; la bienheureuse carmélite Mariam de Jésus-Crucifié (1846-1878), une Palestinienne arabe ; Maria Valtorta (1897-1961), une Italienne ; Marthe Robin (1902-1981), une Française. Nous avons soigneusement scruté les paroles que les unes et les autres prétendaient avoir entendues de la bouche même du Christ du Iᵉʳ siècle. Ces paroles ont ensuite été rapprochées, examinées sous l'angle de la cohérence, reformulées en style plus sémitique, puis classées et confrontées aux diverses sources bibliques et historiques connues. N'a ensuite été conservé que ce qui nous paraissait en parfaite adéquation avec le message évangélique canonique et les usages sémitiques de l'époque. Nous avons également mis à profit certaines confidences qui nous furent faites par Marthe Robin elle-même, surtout au niveau de la Passion de Jésus (entre 1963 et 1978). Comme ce qu'elle nous indiquait était très proche des visions d'Anne-Catherine Emmerich, nous nous sommes souvent appuyé sur cette dernière pour constituer la trame des autres épisodes ignorés de la vie de Jésus. Pour notre rédaction définitive, nous avons suivi habituellement la structure de l'évangile de Marc, qui correspond, pour l'essentiel, au témoignage de Pierre. Le texte qu'on lira ci-après porte néanmoins de très nettes marques johanniques. On verra, par exemple, que les rencontres qui sont décrites représentent souvent des types précis d'humanité. Enfin, les fréquentes allusions aux traditions juives du Iᵉʳ siècle en feront comme un écho possible à l'évangile perdu de Matthieu rédigé primitivement en langue sémitique et qui était encore cité à la fin du IVe siècle par saint Jérôme.

La question de la fiabilité historique des visions de ces quelques mystiques catholiques est évidemment fort discutée par les spécialistes, et elle le sera encore longtemps. Certes, on ne peut que s'étonner avec eux des nombreuses divergences existant, par exemple, entre les récits de la sœur Emmerich et ceux de Maria Valtorta. Il n'en reste pas moins que l'une comme l'autre ont fait preuve, dans leurs descriptions, de connaissances géographiques et onomastiques surprenantes, dépassant largement les possibilités de leur propre culture, et même celles de leur entourage de l'époque. Il est de plus bien établi aujourd'hui que certains récits de la sœur Emmerich ont permis de retrouver, en 1891, le plus ancien lieu de culte marial connu, Meryem Ana, à Éphèse (dénommé « la maison de la Vierge »). Par ailleurs, certaines descriptions de Maria Valtorta recoupent des données récentes de l'archéologie pour des lieux bibliques comme Gérasa au nord d'Amman. Quant à la bienheureuse Mariam de Jésus-Crucifié, elle a contribué, en 1878, à mettre au jour les ruines d'un lieu de culte chrétien des IIIe-IVe siècles situé, selon elle, à l'emplacement de l'antique Emmaüs (l'actuel Latroun-Amwas, à trente kilomètres au nord-ouest de Jérusalem). Certes, ces quelques concordances archéologiques ne sont pas des preuves suffisantes permettant d'accepter indistinctement comme "historiques" tous les récits de ces mystiques, mais elles peuvent du moins nous encourager à leur accorder un certain crédit de "vraisemblance", surtout quand ce qui nous est raconté ne contredit en rien les données scientifiques.

Comme nous l'avons dit plus haut, dans toute cette masse considérable d'écrits mystiques, nous nous sommes surtout attaché aux *paroles* de Jésus, celles qui nous paraissaient les plus dignes d'êtres mises dans la bouche du Verbe incarné, celles qui étaient également les plus "en phase" avec les quatre évangiles canoniques. Nous aurions aimé pouvoir les référencer à chaque fois avec précision, mais, surtout pour les mystiques, nos sources ont été si mêlées et nos remaniements si fréquents, que la chose s'est avérée impraticable. Par ailleurs, tous les noms géographiques ici rapportés, ainsi que de nombreux détails du milieu palestinien du Ier siècle, ont été soigneusement contrôlés. Certains lecteurs, cependant, pourront s'étonner que ce Jésus d'après les mystiques se montre plusieurs fois si ouvert et amical avec des païens, mais l'Évangile lui-même témoigne discrètement que la chose était possible (cf. Mt 8,10 ; 15,28). En allant jusque-là, notre récit ne fait que dire tout haut ce que précisément Jésus demandait souvent à ses apôtres de taire, car le temps d'après Pentecôte et des païens n'était pas encore venu (cf. Lc 21,24 ; Ac 10,45).

Puisque cet ouvrage, le plus souvent, ne rapporte que des paroles inconnues de Jésus, certains pourront le lire comme un simple *roman*, c'est-à-dire sans qu'il lui soit reconnu de statut historique particulier. Pourtant, tout lecteur un peu familier des évangiles canoniques ne manquera pas d'être frappé par la profondeur de ces pages. Sans à-coups, elles viennent prolonger ce que l'on savait déjà du Jésus des évangiles, mais en lui apportant un relief saisissant. Le lecteur croyant y verra même peut-être comme une *prophétie*, c'est-à-dire une parole réellement inspirée et venant jeter un surcroît de sens sur notre passé, notre avenir, et surtout notre présent humain. Il se souviendra néanmoins que l'Église n'a jamais jugé utile de retenir, dans son canon officiel, aucun texte tiré de la littérature apocryphe pour éviter de mettre sur le même plan la Parole de Dieu et une littérature où le bon et le vrai côtoient trop souvent le légendaire et l'erreur manifeste.

L'auteur est à la fois théologien et historien, diplômé de grec, d'hébreu et d'araméen. Ce qu'il propose ici, il l'a mûrement pesé, contemplé et prié. Il espère donc que, malgré son caractère extrêmement tardif et en partie incontrôlable, cet « évangile » d'après les mystiques bénéficiera d'une authentique grâce de Dieu et de l'attention des *petits* qui L'aiment (cf. Mt 11,25). Puisse-t-il notamment rapprocher beaucoup de cœurs du seul Christ qui vaille, Celui qui est vraiment ressuscité et qui chemine chaque jour avec ceux qui veulent bien l'accueillir dans la foi !

Fr. Bernard-Marie, o.f.s.

Avertissement

1 Ce qui suit n'est pas un autre évangile* de Jésus Christ ajouté à celui des douze apôtres. À l'aube du troisième millénaire, c'est une simple icône évangélique, qui y renvoie sans cesse et le désigne lui seul. C'est une lune mystique, qui jette une certaine lueur dans les ténèbres humaines, mais qui ne saurait remplacer le soleil lui-même. Tout ce que cette lune contient de beauté et de clarté, elle le doit à l'unique soleil : la Parole de Dieu portée par la foi et le magistère de l'Église qui siège à Rome.

Dans le passé, certains de nos frères et sœurs dans le Christ ont été mystérieusement témoins de scènes à caractère évangélique lors de leur contemplation. Après avoir soigneusement rassemblé leurs témoignages, j'ai décidé de les examiner de près, de tout discerner à la lumière de l'oraison et de la science, et de ne retenir que ce qui me paraissait le meilleur selon les critères de l'histoire et de la foi. Ce travail de discernement et de réécriture est certes de ma main, mais il me semble qu'il a largement bénéficié des conseils et inspirations de nombreux témoins. La plupart sont déjà près de Dieu, mais quelques-uns sont encore présents parmi nous. Puisse cette œuvre humaine aider un grand nombre à mieux percevoir la solidité des enseignements divins qui, dès le Ier siècle, nous ont été transmis intégralement et une fois pour toutes par le ministère de l'Église des apôtres et de leurs successeurs unis à Pierre !

Ministère de Jean-Baptiste

CF. MT 3,1-11 ; MC 1,2-8 ; LC 3,3-15

2 En ces jours-là, Jean, fils de Zacharie, se mit à prêcher près du Jourdain, dans une région désertique. Ceux qui venaient à lui, il les exhortait à se convertir, à rendre leur vie plus droite, plus simple, plus digne de Dieu. En signe de renoncement au péché et d'attachement à la voie de sainteté, il leur proposait de les plonger dans les eaux du fleuve.

Son ministère s'accompagnait de paroles puissantes : « Le temps de la venue d'un plus digne que moi est tout proche. Préparez-vous à l'accueillir en produisant dès à présent de dignes fruits de conversion. Tout arbre stérile sera coupé et jeté au feu ! »

Apostrophant un jour des soldats venus l'observer et qui se moquaient, il leur dit : « Qui vous a donc appris à fuir l'heure du jugement ?

Pour moi, mieux vaudrait prendre des pierres du Jourdain pour ~~les~~ baptiser ~~que~~ vos cœurs, tellement ils sont endurcis ! »

Jésus commence son ministère

3 Environ trois mois après la mort de son père légal, Joseph le charpentier, Jésus quitta son village de Nazareth et vint s'établir à Capharnaüm, lieu plus central en Galilée.

Par cercles concentriques allant en s'élargissant, il se mit à circuler de village en village. Il commença à enseigner, parlant surtout dans les synagogues, expliquant le sens du baptême de Jean, ses appels à la pénitence et ses annonces de la venue prochaine d'un grand prophète. « Vous l'attendez, disait-il, comme un soleil de midi et il poindra comme l'aurore. Vous pensez qu'il sera revêtu de toute la puissance des armées de David, mais sa puissance à lui vous restera cachée, car elle sera celle de Dieu lui-même. Vous n'avez donc pas compris le sens de la révélation faite à Élie sur l'Horeb [CF. 1R 19,11-12] : Dieu nc souhaite plus s'approcher de vous comme un feu, mais comme une brise légère. Seuls les cœurs purs ou pénitents pourront le reconnaître et accepter son salut. Qui a des oreilles pour entendre, qu'il entende ! »

Repas à Kisloth

4 Arrivant un soir à Kisloth, sur le mont Thabor, Jésus fut invité à dîner par quelques scribes*. Ceux-ci espéraient profiter de l'occasion pour lui poser des questions délicates et juger ainsi de l'étendue de son savoir. Ce jour-là, quelques percepteurs de taxes l'accompagnaient, ce qui indisposa ses hôtes. On prépara trois tables dans une salle publique. Autrefois, dans ce village, il existait une coutume qui voulait qu'à chaque repas donné en l'honneur d'un étranger on invitât également les pauvres de l'endroit, mais cette coutume était tombée en désuétude. Lorsque Jésus se fut installé, il demanda au maître du repas : « Où sont donc les pauvres ? N'ont-ils pas le droit eux aussi de partager notre repas ? » Étonné qu'il soit informé de leur coutume, le plus âgé des scribes répondit : « Rabbi*, cela ne se pratique plus ici depuis longtemps. » « Eh bien, dit Jésus, redonnons vie à ce qui apportait la vie. Qu'on les fasse chercher et qu'on les installe avec nous ! » Quand les pauvres arrivèrent, Jésus se leva pour les accueillir et les servir, ce qui irrita beaucoup les notables présents. Après avoir prononcé la bénédiction, il encouragea tous les convives à se rendre auprès de Jean et à se faire baptiser par lui. Il prêcha sur l'importance de faire pénitence pour mieux percevoir la volonté de Dieu et y répondre. Pleins de dépit, ses hôtes l'écoutaient, mais sans oser l'interroger.

À Nazareth

5 Alors que Jésus était de passage à Nazareth, un homme nommé Éliud s'approcha et lui demanda : « Ne serais-tu pas un béni de Dieu comme Melchisédech ? » Jésus lui répondit : « Melchisédech prépara mon sacrifice, mais lorsque l'heure sera venue, c'est moi-même qui serai le sacrifice. »

Un autre, qui était médecin, lui posa à son tour cette question : « Saurais-tu par hasard distinguer les tempéraments des gens et, le cas échéant, reconnaître les herbes convenables pour les soigner ? » Jésus le fixa assez longuement avant de lui faire cette réponse : « Ton regard s'arrête à ce qui se voit, mais le plus important te demeure caché. Une lampe ne se comprend en vérité que lorsqu'on l'a allumée. Le corps de l'homme est porteur d'un esprit qui est sa lumière. Si cet esprit s'obscurcit par divers troubles ou chagrins, le corps à sa manière en fait rapidement autant. C'est ainsi qu'il existe des maladies qui ne peuvent être guéries que par la prière, la conversion personnelle et le soutien fraternel des bien-portants. Il en est d'autres qui relèvent seulement des secours de ton art. » Le médecin fut surpris de trouver tant de sagesse chez un simple charpentier.

S'approchant également de lui, une femme lui demanda : « Fils de Joseph, selon toi, que faut-il faire pour être assuré d'entrer dans la vie éternelle ? » Jésus lui répondit : « Souviens-toi de marcher toujours avec un cœur droit et un esprit humble devant ton Dieu [cf. Mi 6,8]. En effet, si quelqu'un possède toute espèce de qualités, mais n'a pas le cœur droit et l'esprit humble, on ne le trouvera pas dans le Royaume des cieux. Par contre, si quelqu'un possède toute espèce de défauts, mais a le cœur droit et l'esprit humble, on le trouvera dans le Royaume des cieux. Le Seigneur votre Père déteste la duplicité, mais il aime ceux qui s'efforcent de faire en eux la vérité. Ceux-là marchent avec sûreté vers la lumière et le pardon. Femme, fais donc ainsi et tu entreras dans la Vie ! »

En route vers Jérusalem

6 Après être passé par Yibleam, au sud du Thabor, Jésus poursuivit sa route vers le centre de la Samarie. Le soir venu, il s'arrêta à l'hôtellerie d'un village de bergers. Quelques habitants s'approchèrent de lui pendant qu'on préparait le repas. Ayant déjà entendu parler du prophète de Nazareth, ils se réjouirent beaucoup de pouvoir l'interroger directement. Ils lui demandèrent : « Dis-nous, Rabbi*, devons-nous fermer les yeux sur les amours coupables d'Hérode* ou, au contraire, devons-nous les dénoncer ouvertement ? » Jésus leur répondit : « Il peut vous être profitable de voir le péché là où il se trouve, mais cette vue entraîne normalement à exercer un jugement. Or, avant de juger votre prochain,

mieux vaudrait d'abord vous examiner et vous juger vous-mêmes. Il en est, en effet, parmi vous, ici même, qui vivent dans l'adultère et qui n'ont pas peur de condamner Hérode alors qu'ils en sont les dignes fils ! » Très effrayés, car ils craignaient que leurs péchés les plus secrets ne viennent à être révélés par lui devant tous, ils s'empressèrent d'acquiescer. L'un d'eux, qui semblait être leur chef, ajouta : « Rabbi, tu as bien parlé et nous promettons devant Dieu de faire pénitence sans tarder. Même si nous ne sommes pas tous ici des adultères, nous sommes certainement tous en dette vis-à-vis du Saint, béni soit-il ! » Jésus ne lui répondit rien mais, le fixant, il lui sourit avec bienveillance.

Jésus est baptisé

CF. MT 3,13-17 ; MC 1,9-11 ; LC 3,21-22

7 Jean le Baptiste était descendu de Ænon en Décapole* jusque vers Jéricho en Judée. Là, sur l'une des rives du Jourdain, il enseignait et baptisait. On était au début de l'automne. Jésus vint ce matin-là vers Jean, mêlé à un groupe de pèlerins qui souhaitaient recevoir le bain de pénitence. C'était environ la quatrième heure du jour (dix heures du matin). Mêlé à d'autres hommes, Jésus descendit vers la berge. En le voyant s'avancer, Jean fut soudain éclairé intérieurement et, sous l'inspiration de l'Esprit Saint, il lui déclara en s'inclinant : « Salut à toi, ô béni de

Dieu ! Comment se fait-il que mon Seigneur vienne jusqu'à moi pour un baptême, alors que c'est Lui-même qui devrait me baptiser ? » Jésus lui répondit : « Laisse donc faire, car c'est ainsi qu'il nous convient d'accomplir toute justice. Toi-même, tu recevras bientôt un baptême, mais il sera d'Esprit et de sang. » Jean l'invita alors à s'avancer plus loin dans l'eau et le baptisa en prononçant cette bénédiction : « Que le Seigneur Dieu, par tous ses anges, te bénisse et te garde ! Qu'Il répande sur toi ses dons de sagesse, d'intelligence et de force ! » Ensuite, Jean posa sa main sur la tête de Jésus, et tous deux prièrent en silence. On entendit alors comme un grondement de tonnerre et toute la foule présente vit descendre du ciel une nuée lumineuse. Elle vint reposer au-dessus de Jésus comme une colombe vivante resplendissante. Dans le bruit de tonnerre, des paroles se firent entendre distinctement : « Voici mon Fils bien-aimé. En lui j'ai mis tout mon amour. » Peu après, la nuée disparut et Jésus remonta sur la rive suivi de Jean.

Quand Jésus se fut rhabillé, il prit congé de Jean. Ce dernier dit alors devant ses disciples présents : « L'arche d'alliance était passée autrefois par ici. Aujourd'hui, voici que nous a visité le Sceau de l'alliance. Bienheureux ce jour où commencent à s'accomplir les promesses faites à Israël ! Sur cet homme que vous ne connaissez pas, j'ai vu descendre l'Esprit divin comme une colombe et y demeurer. C'est vraiment lui l'Agneau de Dieu venu pour nous sauver. Comme Isaïe l'avait prophétisé, il est cet Agneau sans tache qui accepte de porter tous nos péchés pour les ôter du monde. Moi, je ne suis même pas digne de délier la courroie de ses sandales. J'étais la lampe qui brûlait avant l'aurore, mais lui est le soleil qui vient après la lampe et qui la rend caduque. J'étais une voix qui criait devant lui pour préparer ses chemins, mais lui détient toutes les paroles de la vie. Moi, je vous plongeais dans l'eau, mais lui vous plongera dans l'Esprit Saint et le feu. Je n'étais que le serviteur, mais lui est le Maître qu'il vous faut suivre désormais ! » Jésus répondit en peu de mots : « Jean vient de témoigner sous l'action de l'Esprit et l'Esprit ne ment pas. Pour un temps vous ne me verrez plus, car il me faut partir au désert, mais je reviendrai vers vous et alors, tous les affligés et les malades pourront venir à moi et je les soulagerai ! » Malgré plusieurs disciples de Jean qui voulaient le retenir ou le suivre immédiatement, Jésus se retira tout en promettant de revenir d'ici quelques semaines. Deux disciples purent cependant l'accompagner et voir où il résidait dans la région.

Prédication sur l'Exode

8 Du Jourdain, Jésus se rendit à Béthel. C'était le premier jour de la semaine. Il entra dans la synagogue pour assister à un petit office liturgique et accepta d'y prendre la parole. Ayant promené son regard sur l'auditoire, il dit : « Qui

êtes-vous donc, fils d'Israël ? Vous êtes les descendants de ceux que Moïse avait fait sortir du pays d'Égypte. Là-bas, vous étiez physiquement des esclaves jusqu'au moment du passage de la mer Rouge. Dans le désert du Sinaï, Dieu vous révéla une autre forme d'esclavage, qui pesait sur votre esprit. En effet, toutes sortes de péchés dominaient sur vous et vous incitaient à revenir vous placer sous le joug d'autrefois. Pour vous libérer intérieurement, Dieu cheminait chaque jour avec vous, multipliant ses prodiges et ses exhortations. Il vous a fallu une purification de quarante ans pour atteindre enfin la terre que Dieu avait promis de donner à Abraham, Isaac et Jacob [CF. DT 11,9]. Malgré sa durée et son ampleur, ce passage de l'Égypte à la terre de la promesse n'était qu'une figure des événements à venir. En effet, un temps viendra, et il est tout proche, où les fils d'Israël pourront passer pour toujours du péché à la justice, de l'esclavage à la liberté, des ténèbres à la lumière, de la mort à la vie éternelle. Pour entrer dans cette vie, celle de Dieu lui-même, vous devrez rester fidèles aux commandements divins et surtout suivre jusqu'au bout les paroles et les exemples du Messie* sauveur que Dieu veut vous donner ainsi qu'au monde. » Ceux qui l'écoutaient se demandaient de qui il pouvait bien parler : de Jean le Baptiste, ou de lui-même, ou bien d'Élie redescendu du ciel ? Ils étaient à la fois dans l'admiration de son enseignement et perplexes sur la manière de l'interpréter. Le plus grand nombre ne voulait y voir que l'annonce symbolique d'un prochain affranchissement du joug des Romains, avec la restauration du peuple saint sur sa terre sainte autour de sa ville sainte. Connaissant leurs pensées, Jésus fut peiné de se voir si mal compris, mais il n'ajouta cependant aucune autre parole à sa prédication.

Début d'enquête du Sanhédrin

9 Comme la renommée de Jésus se répandait rapidement dans toute la Judée et que quelques disciples commençaient à le suivre, de hauts fonctionnaires du Temple envoyèrent auprès de lui des personnes sûres pour l'espionner. Elles se mêlaient discrètement à la foule, regardaient et écoutaient tout, puis allaient faire leur rapport à Jérusalem. Le tribunal du Sanhédrin* constitua une commission de vingt membres chargés d'examiner plus en détail le cas du Nazaréen. Des recherches généalogiques furent entreprises pour vérifier la lignée davidique de ses parents. On nota que souvent il fréquentait et touchait des gens que la Loi déclarait impurs ; qu'il faisait plutôt bon accueil aux publicains*, aux esclaves et même à des païens traditionnellement hostiles aux Juifs. Plusieurs membres influents du Sanhédrin le soupçonnaient de vouloir soulever le peuple et d'en profiter pour se faire proclamer messie* et roi. On ne lui contestait pas un certain savoir, mais on mettait cela sur le compte du diable. Ne l'avait-on pas vu se retirer souvent la nuit dans des endroits déserts et montagneux ? C'était certaine-

ment, disaient-ils, pour se livrer en cachette aux maléfices de Satan*. Parmi les vingt membres de la commission, quelques-uns étaient pourtant de ses sympathisants, mais ils s'en cachaient soigneusement. Plus tard, ce sont eux qui prévinrent les Douze de l'hostilité déclarée des notables de Jérusalem à l'encontre de Jésus et de ses œuvres.

Retraite de quarante jours au désert

CF. MT 4,1-11 ; MC 1,12-13 ; LC 4,1-13

10 Poussé par l'Esprit, Jésus se retira durant quarante jours sur une montagne désertique de la région de Jéricho. Il trouva refuge dans une grotte. Là, debout, à genoux ou prosterné, il priait sans cesse tout en jeûnant. Beaucoup de choses lui furent manifestées sur sa mission rédemptrice. Ainsi, il vit les péchés de l'humanité depuis les origines jusqu'au terme sous forme de grands et lourds nuages d'orage. Ces nuages se précipitaient sur lui comme pour l'étouffer. Il voyait aussi tout ce qu'il aurait à souffrir pour réconcilier le monde avec son Père. Il discernait la part qui serait effectivement sauvée, mais également celle qui refuserait obstinément de l'être. Jésus pleura sur cette part-là, et son angoisse fut si forte que sa sueur devint comme des gouttes de sang.

Le voyant affaibli, Satan* s'approcha de lui et commença à le tenter de diverses manières. Pour l'irriter, il prit la forme de certains de ses tout récents disciples et voulut lui faire croire qu'ils l'avaient suivi jusqu'ici malgré lui. Jésus se contenta de leur dire : « Si vous souhaitez rester, restez. Si vous souhaitez partir, partez. Faites seulement ce que le Père du ciel voudra. Cela seulement compte pour moi. » Aussitôt, ils se retirèrent et disparurent. Plus tard, Satan s'approcha de lui sous la forme d'un pasteur du désert et le salua ainsi : « Salut à toi, nouvel Adam ! Quelle solitude est la tienne depuis tant d'années ! Tu connais pourtant l'Écriture qui dit : "Il n'est pas bon que l'homme soit seul" [GN 2,18]. Donne-toi donc une compagne ! Si tu es le nouvel Adam, il te faut une Ève qui te soit accordée. » Jésus lui répondit en peu de mots : « Il est aussi écrit : "Ceux qui cherchent Dieu ne manquent d'aucun bien" [PS 34,11]. » Une autre fois, le diable se manifesta sous les traits d'un vieil ascète essénien* qui tombait en défaillance en pénétrant dans la grotte. Ce nouveau venu dit à Jésus : « Je vais bientôt mourir. Avant de quitter cette vie, je voudrais m'entretenir avec toi des choses de Dieu. Si tu es proche du Très-Haut, tu auras certainement pitié de moi. » Jésus lui répondit : « Il n'est plus temps de parler de la prière, mais de prier. Il n'est plus temps de parler du silence, mais de faire silence. Il n'est plus temps de parler de miséricorde, mais de devenir soi-même miséricordieux à la ressemblance du Père céleste. Retire-toi donc à présent, car tes pensées sont attachées à la terre des hommes, non au ciel de Dieu ! » Le visage du vieillard s'assombrit, se crispa de rage, puis il disparut subitement. Une autre fois, Satan apparut à Jésus sous la forme d'un ange resplendissant qui lui dit : « Le Très-Haut m'envoie pour te consoler ! » Sans même le regarder, Jésus lui répondit : « Quand Dieu console ses pauvres, il n'éblouit pas comme tu le fais, mais il donne ses forces avec la discrétion d'une mère. Retire-toi donc, Esprit trompeur ! » Se voyant découvert, celui-ci disparut. Une autre fois, Satan se présenta à Jésus sous les traits d'un homme grand et robuste. Dans chaque main, il tenait une pierre qui ressemblait à un pain. Il dit à Jésus : « Si tu es vraiment le Fils bien-aimé de Dieu sur lequel l'Esprit est descendu au Jourdain, tu peux dire à ces pierres de se changer en pains ! » Jésus lui répondit : « "L'homme ne vit pas seulement de pain, mais de toute parole qui sort de la bouche de Dieu" [DT 8,3]. » Alors, sans rien ajouter, l'homme repartit avec ses pierres. Le lendemain, Satan prit les traits d'un ange puissant. En un instant, il transporta Jésus jusqu'au pinacle du Temple de Jérusalem et lui dit : « Si tu es le Messie* de Dieu, prouve-le devant tous. Jette-toi donc en bas, puisqu'il est écrit que Dieu ordonnera à ses anges de te porter, de telle sorte que ton pied ne heurte la pierre [PS 91,11-12]. » Jésus lui répondit : « Il est également écrit : "Tu ne tenteras pas le Seigneur ton Dieu" [DT 6,16]. » Le saisissant à nouveau, le diable le reconduisit sur la montagne, mais en un point bien plus élevé que celui où se situait la grotte. De là-haut, on dominait toute la région. Le diable lui déclara : « Considère la petite Judée et les vastes nations environnantes. Si tu veux rassembler derrière toi un grand nombre de disciples, va plutôt vers ces nations-là, car elles m'appartiennent. Je te les donnerai toutes si seulement tu as assez d'humilité pour te prosterner devant moi en me le demandant. » Avec force, Jésus lui répondit : « Arrière, Satan, car il est écrit : "Tu adoreras le Seigneur ton Dieu et tu ne serviras que lui seul" [DT 6,13] ! » Aussitôt, l'ange rebelle s'élança du haut du rocher vers le précipice et disparut comme si la terre l'avait englouti. Peu après, des anges de Dieu s'avancèrent, s'inclinèrent devant Jésus et, en un éclair, le ramenèrent jusqu'à la grotte. Là, ils le servirent, réconfortant à la fois son corps et son esprit.

Au temps marqué, ayant épuisé toute forme de combat spirituel, Jésus redescendit vers le Jourdain. Il ne s'attarda pas dans cette région qui était surveillée par les gens d'Hérode Antipas* et reprit la route en direction de la Galilée.

Avertissement aux premiers disciples

11 De retour dans la région de Capharnaüm, Jésus laissa venir à lui de nouveaux sympathisants et se mit à les instruire : « L'heure vient où le Fils de l'homme* appellera certains d'entre vous à le suivre partout où il ira. Le Père du Ciel prendra soin de chacun, de sorte qu'aucun n'aura à s'inquiéter du lendemain. Pour le moment, tenez-vous prêts. Quand l'appel vous en sera fait, vous devrez tout quitter. Jusqu'à

cette heure-là, continuez à exercer votre profession, mais comme à la veille d'un long voyage. Préparez vos affaires afin de pouvoir, en temps voulu, les confier à d'autres mains. » Simon de Bethsaïde lui fit alors cette remarque : « Seigneur, j'ai charge de famille et je ne puis quitter mon vieux beau-père avant de lui avoir tout expliqué. » Jésus lui répondit : « N'aie crainte ! Rien ne se fera avant la prochaine Pâque*. Tu as donc un peu plus de trois mois devant toi. »

Paraboles sur le Royaume de Dieu

12 Comme une foule nombreuse s'était rassemblée auprès de Jésus et que plusieurs de ses disciples se trouvaient également là, il se mit à les enseigner tous en paraboles*. Il commença par leur dire : « En vérité, je vous le dis, le Royaume de Dieu n'est pas loin de vous. Dès à présent, vous pouvez le posséder si vous le cherchez de tout votre cœur, de tout votre esprit et de toutes vos forces. Il ne consiste pas en paroles, ni en nourritures, ni en richesses. On le trouve en perdant tout pour lui, et celui qui le cherche ainsi le trouvera.

« À qui pourrais-je comparer l'homme qui s'en empare ? Il est semblable à un pêcheur qui va jeter son filet dans la mer et qui attend toute la nuit. Au matin, en remontant son filet, il voit qu'il n'a pris que des petits poissons. En les triant, il a la surprise de découvrir, caché au milieu d'eux, un grand poisson* d'une espèce rare et excellente. Tout réjoui de sa prise, le pêcheur se dit alors en lui-même : "Quel besoin ai-je d'alourdir ma barque d'une multitude de petits poissons alors que je viens d'en saisir un grand, qui est un vrai trésor ? Je vais donc rejeter à l'eau les petits pour ne garder que le grand. Quand je serai revenu à la maison, j'inviterai mes voisins à venir manger le bon poisson avec moi. Ainsi, ma joie sera aussi leur joie." Comme ce pêcheur était un homme sage, il fit le bien qu'il avait décidé tôt le matin et, le soir venu, sa joie était complète. [CF. *ÉVANGILE DE THOMAS*, § 8.]

« À qui pourrais-je encore comparer l'homme qui devient disciple du Royaume de Dieu ? Il est semblable à un étranger invité chez un chef de famille. Celui-ci l'emmène dans son cellier, lui montre ses nombreuses jarres de bon vin et lui dit : "Choisis celle que tu veux et, avec toi et ma parenté, nous en boirons le contenu." Parmi les dizaines de jarres magnifiques, l'étranger en remarque une qui paraît plus petite, plus terne et sans apparence. Il déclare alors au maître de maison : "C'est celle-là que je veux !" Surpris, l'autre s'exclame : "Je vois que tu es connaisseur, car tu as justement choisi le vin le plus vieux et le plus parfumé !"

« Le Royaume de Dieu est encore semblable à une large pierre sur le chemin du désert. Des caravanes passent souvent près d'elle sans la voir, ou, si elles la voient, elles s'en écartent comme d'un simple obstacle. Un homme vient lui aussi à passer par là. Comme il est bon et attentif, il ne retient pas son chameau qui désire s'approcher de cette pierre près de laquelle poussent quelques herbes. Quand il en est tout près, l'homme met pied à terre, se penche et tente de la soulever. Après un long moment d'effort, il y parvient enfin. Or cette pierre cachait une source d'eau vive. Voici que désormais, grâce à la persévérance de cet homme, la source mise à jour peut désaltérer tous ceux qui passent dans cette région du désert.

C'est ainsi que la possession du Royaume de Dieu exige qu'on renonce à soi-même et qu'on le recherche avec persévérance, sans jamais se lasser. Quand on l'a découvert, toutes les peines sont oubliées et c'est une grande joie pour beaucoup. Qui a des oreilles pour entendre, qu'il entende ! »

Enseignement sur le discernement spirituel

13 Peu après avoir participé à la célébration de grandes noces à Cana [CF. JN 2,1-11], Jésus revint vers le lac de Galilée et s'approcha d'un hameau de pêcheurs. Un homme possédé d'un esprit mauvais vint à sa rencontre en courant et gesticulant. Il se mit à l'invectiver : « Que viens-tu faire ici, fils de David ? Es-tu venu pour nous faire souffrir avant le temps ? » D'autres,

tout aussi excités, le rejoignirent et se mirent à crier de la même façon. Jésus leur ordonna d'une voix forte : « Assez ! Tenez-vous tranquilles et suivez-nous. » Alors, accompagné d'une centaine de personnes, il gravit une colline proche. Étant arrivé dans un lieu propice, il les fit tous asseoir, les possédés étant gardés un peu à part, et il commença à les enseigner : « Quand vous êtes dans vos barques pour la pêche, vous êtes à l'affût du moindre souffle de vent et vous savez l'interpréter. Tel souffle vous annonce la pluie, tel autre la tempête, tel autre le beau temps jusqu'au soir. Ainsi, vous savez déchiffrer le langage du ciel et en tirer le meilleur profit pour vos vies. Or, l'étonnant, c'est que lorsque la barque de votre corps est assaillie par toutes sortes de souffles intérieurs qui la poussent ici ou là, ces souffles-là, vous ne savez pas les interpréter ! Quand parfois vous découvrez que tel vent vous porte à la colère ou à toutes sortes d'autres péchés, loin de lui résister, vous le laissez vous emporter comme un fétu de paille. N'avez-vous pas compris que le nautonier est davantage que la barque ? Si votre barque ne risque qu'une destruction naturelle et passagère, le nautonier, lui, est menacé dans sa vie éternelle. N'admettez donc dans votre barque qu'un seul souffle conducteur : l'Esprit de votre Père du ciel. Tous les autres vents doivent être vigoureusement chassés. Cela est affaire de prière, de pénitence et de foi. » Après avoir ainsi parlé, Jésus s'approcha du groupe des possédés. Il souffla sur eux et dit : « Allez-vous-en, esprits mauvais ! » Aussitôt, ils cessèrent de s'agiter, devinrent calmes et souriants, et ils louaient le Dieu d'Israël d'avoir exercé sa miséricorde à leur égard. Un soldat romain qui avait assisté à la scène déclara à ses compagnons d'armes : « Il sort de ce Rabbi* quelque chose d'étrange : alors qu'il parlait, j'ai moi-même senti comme une lumière qui me pénétrait ! » Quant à la foule, elle était vivement frappée de cette prédication et de la manière dont Jésus venait de la conclure.

Jésus rend visite à sa mère

14 À environ une demi-heure de marche de Capharnaüm, en direction de Bethsaïde, se dressaient quelques maisons. Dans l'une d'elles, Marie, la mère de Jésus, avait depuis peu trouvé refuge avec quelques autres femmes de grande piété. Beaucoup étaient des veuves comme elle. Elles faisaient bourse commune, exécutaient de petits travaux de couture et de filature, et recevaient divers dons. Elles étaient toutes assidues à la prière et exerçaient fréquemment l'hospitalité. Pour les disciples, elles préparaient souvent des repas qu'elles allaient elles-mêmes porter à Capharnaüm ou dans les environs.

C'est en ce lieu que Jésus vint un jour rendre visite à sa mère. Après les salutations d'usage, celle-ci lui dit : « Je rends grâce à Dieu de voir que le temps du salut d'Israël s'approche grâce à toi.

Pourtant, une chose m'afflige. Sais-tu que parmi toutes les brebis qui accourent à ta voix, il se mêle des chèvres et des boucs violents ? D'inquiétantes rumeurs nous parviennent ici : certains font courir le bruit que tu serais un agitateur dangereux et que tes signes* merveilleux viendraient du diable, non du Tout-Puissant. Tu ne leur prodigues que du bien et, à cet amour, ils répondent par de l'incrédulité, des calomnies et de la haine. Comment tant d'aveuglement est-il possible ? » Jésus lui répondit gravement : « Jusqu'à présent, ce peuple vivait dans des régions obscures et sa responsabilité n'était pas entièrement engagée. Or, voici que la lumière vient le frapper en pleine face. Désormais, ses œuvres cachées, bonnes et mauvaises, apparaissent ouvertement. Ceux-là qui se croyaient justes se découvrent pécheurs. Cette vue leur est insupportable. Au lieu de s'humilier et de se repentir, comme déjà Jean les y invitait, ils préfèrent tourner le dos à la lumière. Du coup, eux qui voyaient un peu se trouvent maintenant plongés dans de profondes ténèbres. Si seulement ils acceptaient d'écouter l'esprit de la Loi dont ils se réclament, ils reviendraient vers moi ! Malheureusement, ils préfèrent n'écouter que la lettre de la Loi et ils s'en font une idole. Leur cœur est ainsi bien préparé à entendre les discours mensongers de l'Adversaire et ils les répètent avec complaisance. Ne t'effraie donc pas de cela, car tous les prophètes ont été persécutés et, quand c'est Dieu lui-même qui parle, l'opposition devient totale. Pour toi, garde tout dans le temple de ton cœur et offre-le au Père du ciel. Malgré les péchés redoublés d'Israël, Dieu va continuer de prodiguer ses grâces à ce peuple qu'Il aime comme un père aime son aîné ! » Après un instant de silence, Jésus ajouta : « Peu avant la prochaine Pâque*, nous partirons pour la Judée. Là, par suite du témoignage de Jean, beaucoup de petites gens m'attendent. Ils sont actuellement comme des brebis sans pasteur. Eux aussi doivent entendre la bonne nouvelle de leur salut. Votre groupe pourra nous suivre de loin et venir aider lors des grands rassemblements. Que la paix de mon Père du ciel repose sur toi et tes compagnes ! » Après l'avoir bénie en lui imposant les mains, Jésus la quitta et revint à Capharnaüm.

Enseignement au Temple sur le Juste souffrant

15 Peu avant la Pâque*, Jésus et un disciple montèrent au Temple de Jérusalem. Ils pénétrèrent jusqu'à un vestibule où se trouvaient des prêtres* et des lévites* qui étaient assis en cercle autour d'une chaire. L'un des leurs était en train de prêcher sur la fête de Pâque. L'arrivée du « prétendu prophète de Nazareth » jeta le trouble dans l'assistance. Pourtant, personne n'osa lui demander de se retirer, car chacun se disait en lui-même : « Peut-être est-il tout de même prophète. Voilà l'occasion de vérifier par nous-mêmes qui il est vraiment. » Jésus posa d'abord cette question au prédicateur :

« L'immolation de l'agneau, lors de la Pâque, est-elle seulement un mémorial de ce que vécurent nos pères lors de la dernière plaie d'Égypte ou bien cette immolation est-elle aussi une figure prophétique du sacrifice du juste pour le salut du peuple ? » Le prédicateur répondit : « Selon nos maîtres, cette immolation est d'abord un mémorial, mais rien n'empêche qu'elle soit aussi le signe d'autre chose qui concernerait le destin de tout Israël. » Jésus lui répondit : « Dans le livre d'Isaïe, il est écrit que le Juste du Seigneur pourrait prendre sur lui les douleurs et le châtiment mérité par tous. Si quelqu'un assume une telle charge pour tous les autres, c'est donc qu'il est seul à le faire. Le même passage précise : "Il a été conduit à la boucherie comme un agneau qui n'ouvrait pas la bouche" [IS 53,7]. Il s'agit bien ici d'un seul agneau, donc d'un seul individu. Un tel Juste offrant ainsi sa vie pour tous, ne pourrait-il être le Messie* promis à Israël ? » Le prédicateur lui répondit : « Une telle victime ne peut certainement pas être notre futur Messie, car Isaïe ajoute plus loin que ce Juste sera retranché de la terre des vivants et que sa sépulture sera parmi celles des méchants [CF. IS 53,9]. Une telle chose est incompatible avec la dignité royale et messianique. Du reste, David lui-même l'affirme solennellement dans un psaume : Dieu ne peut laisser son ami voir la fosse [CF. PS 16,10]. » Jésus lui répliqua : « Dieu ne manifeste-t-il pas mieux sa puissance et sa miséricorde en retirant son Messie de la fosse plutôt qu'en la lui faisant éviter ? Car, n'est-ce pas, vous croyez à la résurrection des morts ? Et voyez également la suite du livre d'Isaïe : "Si mon Serviteur livre sa vie en sacrifice pour le péché, il verra une postérité et prolongera ses jours" [IS 53,10]. Ce texte prophétique énonce une promesse divine. Elle perdrait toute signification si le Juste qui rachète Israël ne ressuscitait pas ensuite d'entre les morts. » En l'écoutant, beaucoup pensaient : « Se désigne-t-il ainsi lui-même comme Messie rédempteur appelé à souffrir, à mourir, puis à ressusciter ? » Cependant, personne n'osait lui poser ouvertement la question. Après la liturgie d'usage, chacun se sépara. Quant à Jésus, il put sortir librement du Temple sans être inquiété.

Jésus célèbre la Pâque à Jérusalem et repousse les changeurs

CF. MT 21,12-17 ; MC 11,15-19 ; LC 19,41-48 ; JN 2,13-16

16 Contre la colline de Sion s'élevait une maison qui appartenait à Lazare. C'est là que Jésus célébra la Pâque* avec plusieurs de ses disciples, quelques disciples de Jean et divers parents des uns et des autres. Dans la grande salle à manger ornée de feuillage, les hommes tenaient en main un bâton, avaient leur vêtement retroussé, et tout le monde mangeait à la hâte, comme l'exige la liturgie de la fête. Pour la trentaine de personnes présentes, Jésus découpa lui-même les trois agneaux ramenés le jour même du Temple par Lazare et deux disciples. Il tint à servir lui-même les convives et dit à Lazare :

« Aujourd'hui, je me tiens parmi vous comme un serviteur de la Pâque. Un jour viendra où je serai votre Agneau de la Pâque. »

La liturgie pascale se prolongea jusque dans la nuit avec des prières et des chants. Dès le point du jour, ils se rendirent au Temple où brûlaient des lampes nombreuses. Voyant que des marchands et des changeurs étaient déjà en train de s'installer tout près d'un parvis où l'on priait, Jésus les arrêta et leur demanda de se retirer plus loin. Comme ils refusaient et appelaient à l'aide des gardiens du Temple, Jésus leur fit face résolument et, tout en renversant leurs tables, cria : « Vous avez fait de la Maison du Père céleste une caverne de brigands ! » Les disciples marchaient un peu devant lui, de chaque côté, et ils l'aidaient à tout pousser. Des prêtres* du grand Conseil l'interpellèrent vivement : « Au nom de quelle autorité agis-tu ainsi en ce lieu ? » Jésus leur répondit : « J'agis au nom de cette écriture qui dit : "Ma Maison sera appelée une Maison de prière pour toutes les nations" [IS 56,7] ! » Beaucoup de pèlerins présents donnèrent raison à Jésus, si bien que le personnel du Temple se sentit lui-même obligé d'aider les disciples à éloigner les comptoirs et à ramasser les marchandises renversées.

Sainte mort de Saül à Qiryat

17 Accompagné de quelques disciples, Jésus entra à Qiryat, cité de Juda située à environ quatre heures de marche de Jérusalem. Bien que ce ne fût pas un jour de sabbat*, le chef de la synagogue invita Jésus à prêcher à tout le peuple rassemblé. Ses paroles portèrent sur l'oracle messianique d'Isaïe : "Voici qu'un enfant nous est né, qu'un fils nous a été donné. L'empire repose sur ses épaules et on lui a donné pour nom : Conseiller merveilleux, Dieu fort, Roi à jamais, Prince de la paix. Vaste sera son empire et une paix sans fin sera donnée au trône de David et à son royaume. Il l'établira et le soutiendra par le droit et par la justice dès maintenant et pour toujours. L'amour jaloux du Seigneur fera cela [IS 9,5-6] !" Après la lecture, Jésus leur dit : « Cet enfant merveilleux, qui doit affermir le trône de David son père et le maintenir pour l'éternité, est natif de "Bethléem-Ephrata qui n'est pas la moindre des cités de Juda" [MI 5,1]. Son onction royale, il ne la tiendra pas d'une huile terrestre, mais de la Sagesse même du Roi des cieux. Sur lui repose la sainteté du Très-Haut, de sorte que ce Prince de la paix est aussi l'Emmanuel, le Dieu-avec-nous. Il ne se présentera pas à vous revêtu des attributs guerriers d'un César ou d'un tétrarque, mais revêtu de grâce et de sainteté. Vous le reconnaîtrez à ces signes : il ne fait acception de personne et témoigne de la vérité de Dieu avec simplicité. Son sceptre n'est pas d'or, mais de fer, d'un fer en forme de tau grec comme celui

qui embroche l'agneau sacrifié à la Pâque*. En vérité, je vous le dis, je suis ce Prince de la paix annoncé par les Écritures et mon Royaume est un royaume de paix et d'éternité. Il n'est pas d'en bas, mais d'en haut. Pour y entrer à ma suite, rendez-moi amour pour amour, pureté pour pureté, fidélité pour fidélité, force pour force dans l'Esprit de sainteté. Sans moi, vous ne pourrez rien faire. Avec moi, vous pourrez tout, car je possède toutes les richesses célestes de mon Père et nous voulons vous les partager. La paix de Dieu soit avec vous tous ! »

Après la fin du service religieux, au moment où Jésus allait sortir de la synagogue, un vieillard du nom de Saül s'approcha et lui dit : « Je te salue, Seigneur Messie* ! Il y a des années de cela, au temps du premier recensement* de César, une grande nouvelle arriva jusqu'ici. On nous rapporta qu'à Bethléem le Sauveur promis était né récemment. Avec d'autres, je me suis rendu là-bas et, sur les indications de quelques bergers, je vins chez une certaine Anna et vis l'Enfant. Je me prosternai devant lui et acceptai de voir en lui le futur Sauveur d'Israël. Mais plus tard, j'appris qu'il existait un autre Sauveur du nom de Jean. Au nom du Très-Haut, dis-nous quel est le vrai Messie d'Israël ? » Jésus lui répondit : « C'est celui devant lequel tu t'es prosterné à Bethléem. L'autre est son Précurseur. C'est un homme juste devant l'Éternel, mais il n'est pas le Messie. » Le vieillard lui demanda alors : « Serait-ce toi ? » Jésus lui répondit : « Tu l'as dit, c'est moi qui te parle. Qu'as-tu donc vu autour du nouveau-né que j'étais alors ? » Saül répondit : « J'ai vu une grande pauvreté et une grande honnêteté. Je me souviens qu'en ce jour-là la mère de l'Enfant m'a dit : “Au nom de mon Fils, que le Seigneur soit avec toi, Saül, jusqu'à la rencontre ultime au-delà de ta vie terrestre. Que sa grâce vienne au-devant de toi sur ton chemin !” Voici que j'ai maintenant quatre-vingt-quatre ans et que j'arrive au bout de ma course. Je n'espérais plus rencontrer la grâce de Dieu face à face et, aujourd'hui, je te vois ! Oui, je te vois, Lumière de Dieu, sous ton vêtement d'humilité de notre chair mortelle ! » À ces derniers mots, le peuple s'attroupa autour du vieillard et fit silence pour mieux entendre. Tout le monde se rendait compte que Saül ne parlait plus de lui-même, mais sous l'inspiration d'un mouvement de l'Esprit. Levant les bras en tremblant, il reprit : « Je te vois maintenant, Seigneur, dans la lumière de Dieu. Tu es l'Élu, le Béni*, la Parole sainte descendue vers nous par la force de l'Amour éternel. Tu retourneras au ciel comme tu en es venu, et avec toi entrera aussi notre chair d'humanité. Chair glorieuse, beauté merveilleuse de l'Homme-Dieu ! Oh ! oui, tu es Roi, mais pas que d'Israël. Tu es le Roi du monde. Devant toi, je vois s'incliner toutes les royautés de la terre. Tu portes une couronne étincelante sur la tête. Ton sceptre a la forme d'une croix. Sur ta poitrine brille un pectoral serti de douze pierres précieuses. À tes poignets et sur tes pieds, je vois des rubis et il en sort des flammes comme d'une fournaise sublime. Ô peuple d'Israël, regarde et glorifie ton Sauveur ! Seigneur, je t'en prie, laisse le pauvre Saül monter avec toi dans la lumière ! Au nom de ce que tu es, laisse venir à toi ton serviteur !... Seigneur, à ta miséricorde je confie mon esprit ! » Puis, poussant un léger cri, Saül s'affaissa tout à coup. Jésus le retint en le serrant sur sa poitrine, et déclara : « Paix à ce juste qui meurt dans le Seigneur ! » Il l'allongea ensuite doucement sur le sol et dit encore : « Paix à son esprit ! Saül est mort en contemplant la lumière. Son attente sera brève avant de voir face à face le visage de Dieu. En vérité, je vous le dis, sa mort n'est pas une mort, mais une naissance, car il était déjà avec Dieu et va bientôt le rejoindre totalement. Ses yeux ont vu la Vérité avant de quitter ce monde. Il est bienheureux ! »

En prenant soin de ne pas toucher le cadavre de Saül, le peuple sortit de la synagogue. Puis les proches du mort vinrent et emportèrent son corps. Quant à Jésus, il partit de là avec ses disciples. Judas lui posa alors cette question : « Maître, Saül est mort alors qu'il était visité par l'Esprit divin. Nous qui l'avons touché, sommes-nous purs ou impurs ? — Impurs, répondit Jésus. — Et toi, Maître ? — Moi comme vous autres. Je ne suis pas venu changer la Loi d'Israël, mais l'accomplir. La Thora*, c'est la Thora. Tout israélite doit l'observer. Selon cette Loi, nous sommes impurs. Nous nous purifierons donc entre le troisième et le septième jour... Paix à cette cité, et maintenant, partons ! »

Le choix des Douze

CF. MT 10,1-25 ; MC 3,14-19 ; 6,7 ; LC 6,13-16 ; 9,1 ; JN 1,42 ; 15,8

18 Une fois de retour à Capharnaüm, Jésus se retira une journée et une nuit sur une montagne située à l'ouest pour y prier. Au matin, il revint vers ses disciples et se mit à en appeler douze pour être toujours avec lui, comme il leur avait promis qu'il le ferait, mais sans leur préciser qui serait appelé et qui ne le serait pas. Il dit aux Douze qu'il avait choisis : « Comme je suis l'Envoyé du Père, vous aussi vous serez mes “envoyés”. Comme je témoigne du Père, vous aussi vous serez mes témoins. Tout ce que je vous dirai au creux de l'oreille en son nom, vous devrez l'annoncer à haute voix aux fils d'Israël et, plus tard, quand vous en aurez reçu le signal d'en haut, vous le proclamerez également au monde entier. Voici que l'Esprit va vous être donné pour aller prêcher la bonne nouvelle du salut à toutes les brebis perdues de la maison d'Israël. Vous aurez pouvoir sur les esprits impurs pour les chasser et ceux-ci vous manifesteront leur colère, mais, n'ayez crainte, les anges de mon Père vous protégeront. En mon nom, vous pourrez guérir les malades, purifier les lépreux, réconforter ceux qui ont le cœur brisé, libérer ceux qui sont dans les chaînes du péché, consoler les endeuillés. Ne cherchez pas à faire votre volonté, mais seulement la volonté de Celui qui vous envoie. Vous ne pourrez rien faire par vous-mêmes, mais si vous demeurez avec moi et en moi, vous porterez du

fruit et vous ferez les mêmes signes* que je fais. Vous en ferez même de plus grands, car je prierai le Père pour vous. C'est sa gloire que vous portiez beaucoup de fruit et que ma joie soit aussi votre joie. » Ayant ainsi parlé, Jésus leur imposa les mains à chacun. Il dit à Simon : « Désormais, tu t'appelleras Kéfa [AUTREMENT DIT "PIERRE/ROCHER" EN ARAMÉEN], car ta foi sera le rocher sur lequel je bâtirai ma grande assemblée*. » Il dit à Jacques et à son frère Jean : « Pour l'heure, vous êtes fils du tonnerre. Quand le Don du Père vous aura renouvelés intérieurement, vous deviendrez fils de consolation. » À Thomas il dit : « De longue date je te connais et de longue date je sais que tu viendras à ma suite. » Ce à quoi Thomas répondit : « Cela m'étonne, Rabbi*, car mon désir de te suivre entièrement est tout à fait récent. » Jésus lui dit alors : « Thomas, que penses-tu d'un jardinier qui voudrait cueillir de bons fruits sur un arbre qu'il ne connaît pas ? Ou bien, que penses-tu d'un vigneron qui ne saurait rien du cep sur lequel il espère récolter de beaux raisins ? Pour quelle raison mon Père aurait-il dû me tenir cachés les serviteurs que, de toute éternité, il a choisi d'appeler pour être avec moi à sa vigne ? » Quand il arriva au tour de Judas originaire de Kariot, Jésus le bénit tout comme les autres et lui dit : « Voici que tu deviens mon compagnon et mon familier. Veille donc à ne jamais désespérer de la miséricorde de Dieu, car cela serait pour toi pire que le péché. »

Sur les Esséniens

19 Au cours d'un repas que Jésus prenait à Adama, au nord du lac de Génésareth, un notable voulut l'embarrasser en lui demandant ce qu'il fallait penser du parti des Esséniens*. Jésus lui répondit : « Le levain des Esséniens contient plusieurs principes utiles à la vraie vie, mais pour produire son effet bénéfique, à un moment donné tout levain doit accepter de se mélanger à l'ensemble de la pâte. Sinon, il reste seul et, malgré sa pureté, il finit par pourrir. » Le notable lui fit alors remarquer : « Dans cette région vivent parmi nous des Esséniens mariés qui, pourtant, ne suivent pas toutes nos coutumes. Est-ce vraiment là le mélange dont tu parles ? » Jésus lui répondit : « Ces gens témoignent devant vous de certaines bonnes choses qui furent vécues autrefois par les grands prophètes d'Israël. Imitez-les en ces choses-là et ne les jugez pas sur le reste. Vous ne pouvez exiger d'un homme qui boite de marcher parfaitement droit sur votre chemin. Assurez-vous seulement qu'il saura lui aussi rejoindre le puits d'eau vive. Il existe bien des routes possibles menant au même Royaume des cieux, mais certaines sont plus longues, d'autres plus courtes. » Le notable lui demanda : « Selon toi, quelle serait donc la route la plus courte pour y parvenir ? » Jésus lui répondit : « La route la plus courte est celle qu'empruntent les petits et les miséricordieux. Eux seuls sont assez humbles pour entendre en eux les conseils de l'Esprit de leur Père et pour les suivre jusqu'au

bout. » Le notable lui dit alors : « Sur cette route du Royaume, les savants et les très pieux seraient-ils donc derrière et les petits devant ? » Jésus lui répondit : « Quiconque, s'il accepte de renaître d'en haut par l'eau et par l'Esprit, peut devenir petit selon Dieu, fût-il maître en Israël. Voilà pourquoi, dans le Royaume des cieux, beaucoup parmi vous seront précédés par des hommes au cœur d'enfant et par des pécheurs sincèrement repentis. »

Marie intercède pour un jeune paralytique

20 Dans la région de Sychar, Jésus et ses disciples s'arrêtèrent dans un hameau de bergers israélites. Là, ils retrouvèrent Marie, sa mère, Marie de Cléophas et quelques autres femmes. Sous un arbre, devant la maison, sa mère lui dit : « Ces gens nous ont accueillies avec bonté. Parmi eux se trouvent des parents qui ont un jeune garçon paralysé. Pourrais-tu le voir et prier pour lui, afin qu'il soit soulagé de son infirmité ? » Jésus lui répondit : « Qu'on le fasse porter jusqu'ici. » Les parents l'amenèrent sur un brancard et le déposèrent sous l'arbre, aux pieds de Jésus. Celui-ci demanda aux parents : « Quel âge a-t-il ? — Seigneur, il va sur ses dix ans. — Croyez-vous que je puisse faire quelque chose pour lui ? — Oui, Seigneur, nous croyons que tu es prophète en Israël et que Dieu exauce toujours ta prière. Du fait de ta visite aujourd'hui parmi

nous, nous avons l'espoir que Dieu nous prendra en pitié. Même une légère amélioration serait pour nous une bénédiction. » Jésus poursuivit, mais cette fois en regardant la foule autour de lui : « Voyez-vous cet enfant étendu devant vous et prisonnier de liens invisibles ? Eh bien, en vérité je vous le dis : tout homme qui commet le péché et qui néglige ensuite de se repentir et de faire pénitence devient intérieurement semblable à ce jeune paralytique. Il voit, il sent, il désire comme quelqu'un en bonne santé, mais ses actes sont inexistants ou maladroits. Si un tel homme avait davantage de foi, il dirait à son âme paralysée : "Courage, mon âme ! Reviens à présent vers ton Créateur. Reconnais ta faute et Lui te redonnera ta liberté de fils bien-aimé." » Ayant ainsi parlé, Jésus regarda le jeune garçon en souriant, se pencha sur lui et, saisissant sa main droite, lui dit : « Courage, mon enfant : lève-toi et glorifie Dieu avec tous les tiens ! » Aidé par Jésus, le jeune garçon se mit debout et, d'une démarche encore mal assurée, vint se jeter dans les bras de ses parents. Peu après, tous trois s'avancèrent et se prosternèrent devant Jésus en le remerciant de tout leur cœur et en bénissant Dieu de ses grandes merveilles.

Jésus sursoit à un exorcisme

21 Un jour de sabbat*, non loin de Capharnaüm, Jésus fut interpellé sur le chemin par deux bergers qui souffraient périodiquement de crises de possession. Pour le moment, ils se trouvaient tous deux dans une période calme. L'un d'eux dit à Jésus : « Fils de David, délivre-nous du mauvais esprit qui vient souvent nous persécuter ! » Jésus lui répondit : « Non, l'heure de votre délivrance n'est pas encore venue. Il vous faut d'abord accomplir votre part. Jusqu'ici, vous avez multiplié volontairement les actes d'alliance avec le Prince de ce monde. Vous avez permis à trop de mensonges de s'installer au cœur de votre vie. Si votre démon était chassé aujourd'hui, dès demain il reviendrait prendre possession de ce qui n'a pas cessé de lui appartenir. Voulez-vous donc savoir à qui vous ressemblez ? Vous êtes semblables à des convives souffrant d'un estomac surchargé et qui demanderaient au médecin d'être libérés de leur mal pour pouvoir aussitôt après reprendre leurs excès. Commencez donc par faire en vous la vérité et alors la lumière de Dieu vous sera rendue ! » Les deux possédés ne purent rien répliquer à cela et se retirèrent tout honteux.

Comme il s'en retournait vers la cité pour respecter le repos du sabbat, il vit un homme qui travaillait dans son champ. En passant près de lui, Jésus lui dit : « Homme, si tu transgresses le sabbat en sachant pourquoi tu le fais, pour un travail qui honore Dieu et sauve ton frère, tu es bienheureux. Si par contre tu transgresses le sabbat sans raison impérieuse, ne pensant qu'à toi et non à Dieu et à ton frère, tu es un pécheur ! » [CF. AGRAPHON DU CODEX BEZÆ EN LC 6,4.]

Jésus guérit deux personnes à Séphoris

22 Alors qu'il séjournait à Séphoris avec l'un de ses disciples, Jésus s'arrêta chez une vieille femme malade et alitée. C'était une lointaine parente, qui avait la garde d'un enfant de huit ans, aveugle et muet. Depuis son lit, la femme lui dit : « Seigneur, l'enfant qui vit avec moi n'a jamais vu ni parlé, mais il peut entendre. Il sait prier et le fait tous les jours à sa manière. Malgré son infirmité, il m'aide beaucoup. Je l'appelle et aussitôt il quitte tout pour venir. J'aimerais que tu pries Dieu pour lui. » Jésus fut touché qu'à aucun moment elle n'ait demandé la moindre faveur pour elle-même. Il s'approcha alors du lit où elle était allongée, posa la main sur sa tête et l'autre sur son estomac enflé et lui dit : « Ton amour est humble et généreux. En vérité, je te le dis, le Royaume des cieux est tout proche de toi. Dès aujourd'hui, ta foi va récolter des fruits de grâce, mais les plus beaux d'entre eux sont invisibles et à venir... Voici maintenant que ton hydropisie se retire de toi et que la santé qui convient à ton âge t'est rendue. » Aussitôt après, la malade se sentit mieux et put se lever, mais le

gonflement de son hydropisie ne disparut que progressivement les jours suivants. Jésus s'approcha ensuite du jeune garçon et lui dit : « Ne crains rien ! Dieu a entendu vos prières et ce qu'Il vient de faire en faveur de ta vieille parente, Il peut aussi le faire pour toi. Crois-tu que ton Créateur est aussi ton Père et qu'Il t'aime comme tu es ? » L'enfant fit un signe affirmatif de la tête. Jésus humecta alors son index de salive et le posa sur la bouche de l'enfant. Puis il fit de même avec ses pouces et les tint sur les yeux fermés de l'enfant. Ensuite, tout en retirant ses pouces, Jésus lui ordonna : « Maintenant, mon garçon, ouvre les yeux ! » L'enfant obéit, et la première image qu'il vit fut celle de Jésus, son sauveur. Tout étonné et bouleversé de joie, l'enfant se pressa contre Jésus et, pour la première fois, se mit maladroitement à parler : « Rabbi, merci ! Dieu vraiment bon ! Lumière en moi et lumière devant moi ! » Il ne put en dire davantage, car l'émotion le faisait pleurer. Il se laissa glisser aux pieds de Jésus et il demeurait là, prosterné, exultant d'admiration et de reconnaissance. Se penchant affectueusement vers lui, Jésus lui dit tout en le bénissant : « Mon enfant, lorsque tu étais aveugle, ta foi était ardente et illuminait ton cœur. Désormais, veille précieusement sur ta lampe intérieure et ne la laisse jamais s'éteindre. Que la lumière extérieure ne vienne pas te distraire et t'éloigner de la vraie lumière qui est en toi. Celle-ci ne cessera pas de croître si tu restes fidèle à tes devoirs de fils de Dieu. Apprends à lire les signes de la bonté du Très-Haut à l'égard des tiens et d'Israël. Il est votre Dieu et votre

Père : n'oublie jamais que tout don qu'Il te fait aujourd'hui est une promesse d'un don plus beau et plus intérieur demain, car le Royaume de Dieu est invisible aux yeux de la chair, mais il se laisse découvrir aux yeux d'un cœur pur. » Attirés par les cris de reconnaissance de la vieille femme et du garçon, les autres habitants de la maison vinrent les rejoindre. Comprenant ce qui venait de se passer, dans leur joie ils se mirent à chanter des psaumes : « Dans mon angoisse, j'avais crié vers le Seigneur et Il m'a exaucé... Béni soit celui qui vient au nom du Seigneur ! » [PS 118,5... 26.]

Sur le rejet de Jésus par les Nazaréens

CF. MT 13,53-58 ; MC 6,1-6 ; LC 4,16-30

23 De passage dans la région de Galaad, Jésus et quatre de ses disciples discutaient tout en marchant. L'un d'eux lui fit observer : « Sais-tu que certains te reprochent d'avoir méprisé ton prochain à Nazareth ? Ils soutiennent que tu as refusé de guérir là-bas, dans ta propre cité, de nombreux malades qu'on te présentait. » Jésus lui répondit : « Mon Père des cieux ne m'a pas envoyé parmi les hommes pour que je me donne en spectacle et pour accomplir leurs désirs terrestres. Je n'ai été envoyé que pour témoigner de ce qu'est le Père et de ce qu'Il veut. Si en un lieu la foi est absente, les fruits de la foi seront également absents. » Le même disciple reprit : « Si tes compatriotes sont tombés dans un

puits d'incrédulité, n'es-tu pas tenu de tout essayer pour les en faire sortir ? Ne forment-ils pas tous ensemble un *prochain* qui t'oblige ? » Jésus lui répondit : « Celui qui oblige le plus est celui qui est le plus proche, le plus juste et le plus méprisé. Or, ce prochain-là, Nazareth refuse obstinément de l'écouter : c'est Dieu lui-même et son envoyé, le Messie*. Voici qu'en effet, au moment fixé par le Père, je suis aussi venu vers eux pour les appeler à croire en l'accomplissement des promesses, mais eux ont préféré fermer volontairement leurs yeux, afin de ne point voir et de n'avoir point à se convertir. » Après un instant de silence, Jésus reprit : « À qui donc pourrais-je comparer cette population hostile ? Elle est semblable à un fils aîné qui est longtemps resté fils unique. Quand le cadet est enfin né à son tour, l'aîné en a été fortement jaloux. Toutes les faveurs des parents pour le plus jeune ont été perçues par l'aîné comme des vols pris sur son bien propre. Cet aîné, pourtant toujours choyé des siens, est alors tombé dans une haine mortelle de son jeune frère. C'est ainsi que Nazareth a pris Capharnaüm en aversion, et que le Fils de l'homme* est devenu un scandale chez ses propres compatriotes. C'est ainsi également que le peuple d'Israël prendra ma grande assemblée* en aversion, car elle rassemblera beaucoup de brebis perdues et étrangères que Dieu ne traitera pas moins tendrement que leurs aînées. »

Enseignement sur la circoncision

24 Dans la région de Bethsaïde, une dizaine de païens syro-phéniciens demandèrent à pouvoir s'entretenir en particulier avec le prophète de Nazareth. Quand ils furent en sa présence, l'un d'eux lui demanda : « Seigneur, nous souhaiterions nous aussi adhérer à ton enseignement et servir le Dieu d'Israël comme tu le sers, mais nous faut-il pour cela subir la mutilation de la circoncision ? » Jésus lui répondit : « Nul ne peut venir après moi s'il n'est prêt à renoncer à tout lui-même et à servir le Père du ciel de tout son cœur, de toute son âme et de toutes ses forces [CF. DT 6,5]. Pour réaliser cela, il existe une voie sûre : celle des commandements donnés à Moïse. Quant à la circoncision, elle n'est rien si elle se limite à un seul endroit du corps. La circoncision qui plaît à Dieu est celle que l'on peut pratiquer chaque jour pour son amour. » Le païen lui dit alors : « Veux-tu signifier par là qu'une circoncision purement spirituelle pourrait nous suffire ? » Jésus lui répondit : « La circoncision juive enlève peu de chose au corps. Elle est surtout signe de l'alliance particulière en Abraham. Pour votre part, vous signifierez l'alliance du Dieu unique avec vous en offrant tout ce que vous êtes à son émondage divin. Êtes-vous intempérants ? Émondez donc pour Lui vos plaisirs coupables et ne gardez que ce qui plaît à Dieu. Êtes-vous attachés à l'argent et à ce qu'il procure ? Émondez donc une partie de vos biens et distribuez-les aux pauvres : vous en deviendrez plus

riches pour le Royaume des cieux. Êtes-vous fiers de votre science et méprisants envers les simples ? Émondez donc votre superbe et allez servir régulièrement quelques lépreux et pauvres d'esprit. Si vous faites cela, en vérité je vous le dis, vous serez circoncis en esprit et en vérité, et votre Père du ciel vous bénira comme des fils de la promesse. Plus tard, l'un des miens viendra vers vous et il vous dira en mon Nom tout ce qu'il vous convient encore de faire pour persévérer jusqu'au bout dans la voie du salut. »

L'humilité du Messie

25 À Bézeq en Samarie, non loin du Jourdain, Jésus et ses disciples se rendirent à la synagogue. Dès que la chose fut connue, une grande foule y accourut. Des disciples de Jean y vinrent également, ainsi que de nombreux malades et quelques possédés. Jésus commenta plusieurs textes des livres de Moïse qui avaient trait à la délivrance du peuple de Dieu. Il conclut cette partie de sa prédication par la lecture du passage suivant du Deutéronome : « Le Seigneur me dit [à moi, Moïse] : “Je susciterai du milieu de leurs frères un prophète comme toi. Je mettrai mes paroles dans sa bouche et il leur dira tout ce que je lui prescrirai.” » [DT 18,18.] Jésus poursuivit : « Les enfants d'Israël ont marché derrière leur prophète Moïse et l'ont écouté, mais ce fut un enfantement long et douloureux. À plusieurs

reprises, la foi d'un grand nombre s'est pervertie. Les enseignements divins restèrent souvent lettre morte, tellement étaient durs leurs têtes et leurs cœurs. Pensez-vous qu'il en soit différemment aujourd'hui ? Voici que Jean le Baptiste est apparu devant vous, suscité lui aussi par l'Esprit Saint. Il vous a déclaré qu'il n'était pas le prophète annoncé par Moïse, mais son précurseur, celui qui devait lui préparer le chemin. Or, ce Jean était-il un homme aux vêtements précieux, au langage choisi et à la nourriture délicate ? Était-il affamé de grandeur et de pouvoir ? Le Messie* qu'il annonçait était-il un bel étalon royal ou un agneau serviteur ? Pourquoi êtes-vous donc si aveugles ? Vous connaissez pourtant le proverbe : "À tel maître, tel serviteur." Vous attendiez un roi-prophète riche comme Hérode et puissant comme César. Pour un tel envoyé, Dieu aurait-il choisi un tel précurseur ? Regardez donc le visage de Moïse lui-même : derrière la gloire divine qu'il reflétait, que voyez-vous ? La Thora* vous l'apprend : "Moïse était l'homme le plus humble que la terre ait porté [NB 12,3]." S'il fut si humble, comment sera donc le Messie qui, selon l'Écriture, doit lui ressembler ? En vérité, je vous le dis, la venue du Messie de Dieu ne se laissera pas observer par l'œil charnel et cupide. Il s'avancera vers les siens d'une manière très humble. Ce que je vous dis aujourd'hui devrait vous permettre de le reconnaître : "Voici que je fais valoir le jugement de Dieu devant les nations. Je ne crie pas, je n'élève pas la voix, je ne clame pas dans la rue. Je ne brise pas le roseau froissé et je n'éteins pas la mèche qui brûle à peine... Voici que j'ai été destiné à être l'alliance du peuple et la lumière des nations. J'ouvre les yeux des aveugles, je libère le prisonnier de sa prison et l'habitant des ténèbres de son cachot. Le nom de Celui qui m'envoie est Je Suis" [CF. IS 42,1-3 ; 6-8]. L'heure de la réalisation de ces Écritures arrive, mais cette génération ne veut pas le comprendre. Elle rejettera son Messie et le fera beaucoup souffrir, mais le Père céleste, à la fin, le glorifiera. Je vous le répète donc, voici venu pour vous le temps de votre visitation. Ne tardez pas à répondre quand Dieu lui-même vous presse de répondre ! » Après avoir ainsi parlé, Jésus participa à la fin de l'office. En sortant, il se rendit auprès de chaque malade et les guérit tous. Il délivra également tous les possédés. Alors qu'il était en train d'exercer ce ministère de miséricorde, ceux qui le regardaient faire se rappelèrent les paroles d'Isaïe qu'il avait citées auparavant en semblant se les approprier. Beaucoup pensèrent en eux-mêmes : « Il pourrait bien être le Messie annoncé par nos Écritures, mais ne serait-il pas encore davantage ? » Ils n'osaient pas, cependant, approfondir cette dernière possibilité, car elle leur semblait être une tentation d'idolâtrie païenne.

La figure prophétique de Joseph

26 Passant par la Pérée*, à l'est du Jourdain, Jésus et ses disciples s'arrêtèrent à Miçpa-de-Galaad, cité dont la population se partageait entre israélites et païens. Des lévites* et des notables les reçurent hors les murs, sous une tente. Ils leur lavèrent les pieds, leur donnèrent à boire et à manger, puis ils prièrent Jésus d'avoir pitié de leurs concitoyens malades. Jésus en guérit un certain nombre avant de se rendre jusqu'à leur synagogue. Là, il leur parla de Jacob et de son fils Joseph, vendu par ses frères aux Égyptiens. Il leur commenta le passage suivant de la Thora* : « Apercevant Joseph de loin, ses frères complotèrent contre lui pour le faire mourir. Ils se dirent l'un à l'autre : "Voici l'homme aux songes qui arrive. Venez, tuons-le et jetons-le dans l'une des citernes. Nous dirons qu'une bête sauvage l'a dévoré. Ainsi, nous verrons ce qu'il en sera de ses songes !" » [GN 37,18-20]. Jésus poursuivit : « La Tradition qu'on répète de bouche en bouche met ensuite ces paroles sur les lèvres de Ruben : "Ne répandez pas le sang *innocent* ! Ne portez pas sur lui des mains de *meurtriers* !" [TG DE GN 37,22.] En effet, Joseph était un juste véritable et sur lui reposait un authentique esprit de prophétie. Ses frères ne purent le supporter et cherchèrent à le faire taire par tous les moyens. Mais la main du Très-Haut s'interposa et le jeune homme fut seulement vendu et exilé comme esclave. Au lieu de s'éteindre, la plus petite étoile de Jacob devint bientôt la plus brillante. Comme

un songe l'avait annoncé, les onze autres, finalement, vinrent se prosterner devant elle. En se faisant reconnaître à ses frères, Joseph leur déclara : "Ne vous tourmentez pas de m'avoir vendu, car c'est pour donner la vie que Dieu m'a ainsi envoyé en avant de vous... C'est en vue d'une grande délivrance !" [GN 45,5...7]. Ces événements anciens étaient figuratifs de ceux qui vont se produire au cours de cette génération. Voici que le Fils de l'homme* vient comme Joseph parmi ses frères pour les conduire à la vérité tout entière et les nourrir d'une manne* céleste au moment de la famine. Pourtant, ils chercheront à le faire mourir d'une façon infâme, sur le bois des maudits. Pour un temps, la lumière leur sera alors retirée, mais Dieu la rallumera glorieusement devant eux pour l'éternité. Ils verront que l'instrument d'infamie qu'ils avaient placé sur ses épaules est devenu l'instrument de leur délivrance. Ce bois, par le sang de l'Innocent immolé, deviendra l'autel béni d'où jailliront des sources d'eau vive et d'Esprit. Celui qui, comme Isaac, ne prend pas sur lui le bois du sacrifice n'est pas un fils béni de la promesse. Celui qui, comme Joseph, n'accepte pas de mourir en pardonnant à ses frères qui le tuent, celui-là n'est pas un vrai disciple du Fils de l'homme. En vérité, je vous le dis, comme vous pardonnerez à vos frères qui vous ont fait du mal, ainsi également vous pardonnera votre Père du ciel qui vous voit tous pécheurs. » En l'entendant ainsi parler, ses disciples se dirent en eux-mêmes : « Aurait-il le projet de monter prochainement à Jérusalem, d'y mourir comme un maudit et de nous entraîner à sa suite dans la mort ? » Ils décidèrent d'en reparler avec Simon Pierre et de suivre son avis, car il était à leurs yeux un homme prudent et plein d'expérience.

La guérison de l'aveugle Manahen

27 Au sud de Silo, vers le Jourdain, se dressait une petite cité de vanneurs et d'apiculteurs. Ce 19 du mois de Tishri*, la fête des Tabernacles allait s'achever. Accompagné de ses disciples, Jésus s'approcha des portes de la ville. Quelques Pharisiens* s'avancèrent et lui dirent pour le mettre à l'épreuve : « Maître, nous avons entendu parler des bienfaits magnifiques que tu prodigues partout dans ces contrées. Nous souhaiterions que tu portes également ton attention sur nous. Voici un aveugle-né, d'âge adulte, du nom de Manahen. Ses yeux ne possèdent pas de pupilles et son regard est vide. Peux-tu guérir un tel homme ? » L'aveugle se jeta aux pieds de Jésus qui lui dit : « Relève-toi et dis toi-même ce que tu veux. — Seigneur, je voudrais voir quelque chose de la puissance du Très-Haut, mais je ne suis qu'un pauvre pécheur. — Si tu crois, lui répondit Jésus, tu verras cette puissance. — Seigneur, lui dit l'aveugle, je crois que tu peux me secourir si toi tu le veux ! » Jésus lui posa alors la main sur la tête et lui dit : « Manahen, l'œil de ton cœur est pur et ta foi est grande. Que ta vue intérieure s'ouvre donc pour le profit de beaucoup ! »

Aussitôt, l'aveugle s'écria : « Une joie céleste me descend dans le cœur comme une ondée. Je comprends maintenant qui tu es : tu es le Fils bien-aimé du Très-Haut, tu es sa Sagesse venue nous visiter ! Comment une telle chose est-elle possible ? » Entendant ces paroles, les Pharisiens présents furent plongés dans la perplexité : que pouvait donc bien signifier un prodige intérieur que personne ne pouvait voir, sauf le bénéficiaire ? Pourquoi l'aveugle se réjouissait-il tant alors que sa cécité demeurait la même qu'auparavant ? N'était-il pas en train de délirer en nommant Jésus le propre Fils de Dieu ? Reprenant la parole, Jésus dit à Manahen : « Mon enfant, bienheureux es-tu, car ta foi voit mieux que celle de ceux-là qui, pour croire, ont besoin du témoignage de leurs yeux. Eh bien, pour que la puissance de Dieu soit pleinement manifestée, que maintenant s'ouvrent également tes yeux de chair ! » Tout en parlant, Jésus lui toucha les paupières avec ses pouces et les lui releva lentement. Tout étonné, l'homme découvrit la lumière et s'aperçut qu'il pouvait voir. Il s'écria : « Que le Tout-Puissant soit béni et que soit aussi béni son saint Envoyé ! Alléluia ! Alléluia ! » Il se prosterna à nouveau devant Jésus, qui le bénit. L'aveugle guéri courut ensuite dans les rues de la ville, continuant à louer Dieu et prophétisant sur le Messie* de Nazareth. Peu après, par gratitude, il décida d'accomplir le vœu du naziréat* et vint proposer ses services à Jésus. Celui-ci accepta de l'envoyer comme messager auprès de Lazare, à Béthanie de Judée. Plus tard, ce même Manahen s'agrégea à la communauté des disciples réunis à Antioche [CF. AC 13,11].

Proclamation de huit béatitudes

CF. MT 5,1-12 ; LC 6,20-23 ; JN 20,29

28 Non loin de Tébèç en Samarie, Jésus et ses disciples gravirent une colline. Bientôt, une foule importante s'y rassembla. Durant l'après-midi, Jésus se mit à enseigner du haut d'une butte qui lui servit de chaire naturelle. À l'aide de quatre pieux et d'une grande toile, ses disciples avaient construit un auvent au-dessus de lui, ce qui permettait à sa voix d'être mieux entendue des groupes les plus éloignés. Après avoir fait asseoir tout le monde, il leva les yeux au ciel et prononça une bénédiction. Regardant ensuite ses disciples assis en demi-cercle autour de lui, il déclara d'une voix forte :

« Bienheureux vous qui êtes pauvres de cœur ; mais malheureux vous qui êtes riches de votre volonté propre !

« Bienheureux vous qui pleurez aujourd'hui, car Dieu lui-même essuiera toutes vos larmes [CF. IS 25,8] ; mais malheureux vous qui riez aujourd'hui, car déjà vous recevez votre récompense !

« Bienheureux vous qui avez faim de paix et de justice, car le Seigneur votre Dieu est un Dieu de paix et de justice ; mais malheureux vous qui êtes repus aujourd'hui, car votre dieu n'est autre que vous-mêmes et vous méritez le sort des idolâtres !

« Bienheureux vous qui êtes patients et miséricordieux, car ainsi vous ressemblez à votre Père du ciel ; mais malheureux vous les impatients et les durs de cœur, car vous serez traités avec la même mesure que celle dont vous vous serez servis pour vos frères !

« Bienheureux vous qui êtes purs de cœur, car Dieu vous fera voir et comprendre la venue de son Règne ; mais malheureux vous les impurs, car votre lampe intérieure est éteinte ! Vous marchez dans les ténèbres et, si vous ne vous convertissez pas, vous tomberez dans des fosses profondes dont vous ne pourrez plus sortir.

« Bienheureux vous qui êtes haïs, calomniés et persécutés de toutes les manières du fait de votre attachement au Royaume des cieux, car, en vérité, vous le possédez déjà ; mais malheureux vous qui êtes aimés, honorés et caressés de toutes les manières du fait de votre attachement au royaume des idoles, car vous passerez avec elles et, bientôt, plus personne ne se souviendra d'aucun de vos jours !

« Bienheureux vous qui êtes les témoins de la sainteté du Très-Haut, car, avec toutes sortes d'épreuves, vous recevez dès à présent sa paix céleste qu'aucune chair ne peut produire elle-même ; mais malheureux vous tous dont on dit partout grand bien et dont les actes contredisent les paroles : en vérité, vous êtes de faux témoins et de faux prophètes ! Votre récompense, vous la prendrez près de votre père le diable, lui qui est menteur depuis le début.

« Bienheureux vous qui croyez sans le secours des signes* extérieurs et qui mettez en pratique la Parole que je vous ai dite de la part du Père, car vous partagerez ma joie dans son Royaume ; mais malheureux vous qui ne voulez toujours pas croire malgré les signes que je vous ai donnés ! Vous resterez en dehors de la salle du festin et vous ne connaîtrez jamais les secrets du Cœur de votre Père. »

À d'autres moments de son ministère, Jésus reprit ce même enseignement, mais en le modifiant un peu à chaque fois en fonction de son auditoire. Ce jour-là, il fit distribuer de l'eau et un peu de nourriture (du pain et des rayons de miel), demandant à ses disciples d'aller en porter d'abord aux plus pauvres et aux plus faibles. Après quoi, il prononça une bénédiction, et la foule fut congédiée.

Jésus exorcise deux jeunes filles païennes

29 Jésus redescendit de la colline avec les siens et prit la direction d'une hôtellerie proche de Tébèç. En chemin, une veuve païenne

du nom de Laïs s'approcha de lui et lui dit : « Seigneur, je t'en prie, aie pitié de moi ! J'ai deux filles qui sont toutes deux possédées de mauvais esprits. Elles mordent comme des chiennes furieuses et frappent tous ceux qui tentent de les approcher. Par pitié, viens les délivrer ! » Cependant, Jésus fit comme s'il n'avait pas entendu et poursuivit sa route. Une servante de cette femme païenne dit alors à sa maîtresse : « Ne dis pas : "Aie pitié de moi" ; dis plutôt : "Aie pitié de mes filles" », mais celle-ci répondit : « Toutes deux sont ma chair. S'il a pitié de moi, c'est elles qu'il guérira ! » Sans se décourager, elle reprit ses appels au secours vers Jésus. Après un moment, celui-ci se retourna vers elle et lui dit : « Il convient que je rompe le pain avec ceux de ma maison avant de le rompre avec les étrangers. » La femme lui dit alors : « Je comprends cela, Seigneur. J'attendrai donc le temps qui te semblera convenable. Je sais que je ne suis pas digne de tes faveurs, mais je sais aussi que tu peux guérir mes filles si tu le veux. Je crois que tu as reçu tout pouvoir d'en haut. » Jésus lui répondit : « Femme, certains parents mangent des raisins verts et ce sont leurs enfants qui en ont les dents agacées [CF. JR 31,29]. Il existe des péchés tellement lourds que, si l'on n'y prend garde, leur ombre s'étend sur les plus proches. Toi-même, tu connais ton péché. Repens-toi donc et purifie-toi. À l'exemple des fils d'Israël, tâche de suivre la voie de la prière, du jeûne, de l'aumône, du service des petits, à commencer par tes enfants. » La femme comprit que Jésus ne voulait pas l'embarrasser en public, mais qu'il savait qu'elle avait conçu ses deux filles dans l'adultère et avait éloigné injustement ses trois autres enfants légitimes. Bouleversée, elle s'écria en pleurant : « Seigneur, je pleure depuis longtemps sur ma faute, mais toute seule, j'étais incapable de retourner vers la lumière. À partir d'aujourd'hui, je ferai tout ce que tu m'as demandé et je redeviendrai une mère pour tous mes enfants. » Jésus lui dit alors avec bonté : « Va maintenant en paix et retourne chez toi. Voici que tes deux filles vont venir librement au-devant de toi. » Au même moment, les deux jeunes filles tombèrent chez elles sans connaissance, et une légion de démons les quitta. Revenues à elles, elles appelèrent leurs gardiennes qui, avec stupeur, constatèrent leur guérison. Elles prirent aussitôt un bain, s'habillèrent et, avec quelques proches, partirent en hâte vers Tébèç à la rencontre de leur mère. Quand elles se virent enfin toutes les trois, leur joie et leur émotion furent extrêmes. Peu après, elles se mirent à la recherche de Jésus pour lui rendre grâce et profiter encore de son enseignement.

Parabole sur la variété des sols et des semences

30 Alors que Jésus sortait de la Samarie, il s'adressa à ses disciples et à quelques paysans qui se trouvaient là sur leur chemin. Il leur dit : « À quoi pourrais-je comparer le don que

Dieu fait à cette génération ? Il est semblable à un grand Roi qui décida un jour d'aller cultiver les terres en friche de son royaume. Il envoya devant lui ses paysans pour aller semer toutes sortes de plantes. Sur les parties sèches et pierreuses, il fit semer des graines de plantes grasses et des graines d'herbes aromatiques. Sur les parties fertiles bordant les fleuves, il fit semer du blé et de l'orge. Sur les parties montagneuses bien exposées, il fit planter des vignes et des vergers. Toutes ces semailles se mirent à lever, mais à des époques différentes et selon des quantités proportionnées aux capacités de chaque espèce. Le blé ne peut donc se glorifier de mûrir avant le raisin et en plus grande abondance. Les plantes grasses ne peuvent se glorifier d'être les seules à pouvoir résister aux ardeurs du soleil et aux longues périodes de sécheresse. La vigne ne peut se glorifier de sa haute position et de ses fruits qui donnent le vin servant à réjouir les fêtes humaines. Comprenez-vous donc que, chacun autant que vous êtes, vous êtes une terre d'une certaine espèce et que c'est ainsi que le Roi du ciel vous aime ? En considération de la nature de votre sol, Il adapte ses exigences et ses dons. Voici donc que je viens vers vous comme le Semeur du grand Roi et que je répands sur votre terre des paroles de vie pour vous faire produire du bon fruit. Parce que je connais et que j'aime chaque sol sur lequel je sème, je ne donne à chacun que ce qu'il pourra porter pour la vie éternelle. Mon Père céleste sait bien que certaines graines semées aujourd'hui ne pourront porter du fruit que plus tard, pour certaines dans quelques mois, pour d'autres dans quelques années. Mon Père est patient, et moi aussi qui travaille chaque jour avec lui, je suis patient. Mes disciples œuvrent à ma suite et suivent mon exemple. À chaque terre il convient de donner les graines qui lui conviennent et à chaque saison le Roi du ciel est en droit d'attendre sa récolte particulière. Priez-le donc d'envoyer beaucoup de semeurs sur ses terres en friche et des semeurs qui, comme le fait le Fils de l'homme*, respectent la nature de chaque sol. »

Jésus sauve un innocent de la mort

31 Il arriva en ces jours-là que Jésus se rendit avec ses apôtres dans une cité de Galilée située à environ deux heures de marche à l'ouest de Nazareth. Comme ils approchaient des portes de la ville, ils virent passer devant eux une troupe de gens armés qui allaient saisir le fils unique d'une veuve pour le faire mourir. Jésus leur demanda : « Qu'a-t-il donc fait selon vous ? » Ils lui répondirent : « Il a tué Joël qui revenait de Samarie. Peu avant d'atteindre notre région, celui-ci avait envoyé devant lui son serviteur pour avertir les gens de sa maison de son retour imminent. Or, sur la route, ce serviteur n'a rencontré qu'un seul homme se dirigeant vers le lieu du forfait : précisément, ce jeune homme que nous allons maintenant arrêter et punir de mort. » Jésus leur demanda : « Vous n'avez pas d'autres

charges contre lui ? » Ils lui répondirent : « Pour nous, l'affaire est claire, car deux hommes du pays, qui venaient par une autre route, jurent qu'ils l'ont vu attaquer Joël. Maintenant, la famille lésée exige que le coupable soit châtié conformément à la Loi qui prescrit : "Celui qui tue un homme sera puni de mort" [LV 24,21]. » Jésus leur demanda encore : « Ce jeune homme était-il dans une grande misère et criblé de dettes ? » Ils lui dirent : « Non, car jusqu'ici il a toujours travaillé honnêtement en aidant sa mère qui est une femme respectable. Du reste, on a retrouvé la bourse sur le mort et celle-ci était pleine. La raison du crime est ailleurs. Sans doute se cache-t-il, derrière, une histoire de femme et de jalousie. » Sans plus attendre, la troupe armée repartit rapidement pour aller se saisir du jeune homme. Jésus et les Douze les suivirent de loin.

La mère du condamné défendit son fils comme elle le put, mais elle fut durement frappée au visage et tomba sur le sol. Son fils eut le temps de lui crier : « Adieu, mère ! Souviens-toi que je suis innocent de ce dont ils m'accusent. » Sur ces mots, la mère perdit connaissance, mais personne du groupe armé ne s'approcha pour la secourir, car chacun ne voulait voir en elle que la source première du mal qui avait frappé Joël. Tout le bien qu'elle avait fait à la cité durant des années fut subitement oublié ou compté pour rien. Immédiatement, Jésus envoya auprès d'elle deux de ses apôtres pour qu'ils puissent lui prodiguer soins et réconfort. Lui-même se dirigea rapidement vers l'endroit où se trouvait le groupe des gardes. Avec l'aide des disciples, il fendit la foule et se retrouva devant ceux qui détenaient le jeune homme. Il leur dit d'une voix forte : « Arrêtez un moment. Je vous le demande au nom de Dieu. » L'un d'eux lui répliqua avec insolence : « Toi, qui es-tu donc pour intervenir ainsi dans nos affaires ? Nous ne te connaissons pas. Écarte-toi et laisse-nous agir conformément à la Loi, car celui-ci doit périr avant la nuit. » Jésus lui répondit : « Je suis plus que le prophète Daniel qui s'interposa entre des anciens du peuple et Suzanne injustement condamnée [CF. DN in SEPTANTE 13,1-63]. Craignez donc que la colère de Celui qui m'envoie ne s'allume à présent contre vous, si vous ne revenez pas sur vos sombres desseins. Veuillez me présenter les témoins contre celui-ci. » Les trois accusateurs se firent connaître. Jésus leur déclara en face : « Votre témoignage n'est pas recevable, car il est pure invention de vos cœurs mauvais. » L'un d'entre eux lui répondit : « Qu'en sais-tu ? Nous sommes prêts à le jurer. » Jésus lui dit : « Si vous jurez, votre serment sera un péché de plus qui pèsera comme un charbon ardent au-dessus de votre tête. Ayez donc la crainte de Dieu ! » Mais ils lui dirent tous les trois : « Ce n'est pas toi qui nous convaincras de péché. Nous avons notre conscience pour nous. » Jésus leur répondit : « Depuis longtemps, vos chemins passent par la luxure, l'amour de l'argent et toutes sortes d'envies désordonnées. Aujourd'hui, ces chemins de perdition vous ont conduits jusqu'au crime. Vos cœurs sont des sépulcres d'impuretés et, pour sauver votre apparence de justes, voilà que vous êtes prêts à toutes les infamies jusqu'aux faux serments. » L'un d'eux poussa Jésus pour l'écarter du chemin et lui cria : « Surveille tes paroles, prétendu prophète, et prends garde à toi, car, en t'unissant à ce point à la cause du criminel, tu pourrais subir le même sort que lui ! » Jésus dit alors d'une voix forte : « Vous refusez encore de croire devant la Lumière ? Vous vous obstinez à vouloir faire périr votre âme immortelle ? Malheureux que vous êtes ! Eh bien, puisqu'il n'y a pas ici de poussière du Temple ni d'eau sainte pour juger selon ce que Dieu a prescrit à Moïse [CF. NB 5,17-31], moi, le juste Juge, je vais prendre de la poussière que j'ai foulée ici et de l'eau de votre fontaine. Qu'on m'en apporte un peu dans un vase. » Pendant qu'on allait lui en chercher, Jésus interrogea le jeune homme : « Fils, es-tu vraiment innocent de ce crime ? Parle sans crainte, avec sincérité. » L'accusé répondit : « Je le suis, Seigneur. » Se tournant alors vers les trois témoins à charge, Jésus les exhorta chacun : « Peux-tu jurer n'avoir dit que la vérité ? » et tous jurèrent par Dieu et par l'autel du Temple qu'ils n'avaient fait qu'honorer la vérité.

Quand on eut apporté le vase rempli d'eau, Jésus y jeta un peu de la poussière prise à ses pieds. Puis, levant les mains au-dessus de ces humbles réalités, il pria à haute voix : « Père saint, Roi de l'univers, je te bénis de "mettre un terme à la malice des méchants et d'affermir le juste" [CF. PS 7,10]. Que par mes mains s'accomplisse à présent ton jugement de vérité. Je te prie, cependant, de ne pas punir le coupable de mort, mais, dans ta grande miséricorde, accorde-lui une peine qui, en le mettant à part, lui offre l'occasion d'expier son grave péché. » Après quoi, il plongea sa main dans le vase contenant l'eau mélangée à la poussière et en aspergea les quatre hommes alignés devant lui. Puis, commençant par le jeune homme, il fit boire à chacun une gorgée du breuvage. Ensuite, croisant les bras sur sa poitrine, il les fixa de son regard sans rien dire. La foule se mit aussi à les regarder attentivement et, soudain, elle poussa des cris d'effroi. Inquiets, les quatre hommes se regardèrent mutuellement. Alors le jeune homme cria de stupeur et les autres d'horreur. Le visage des trois accusateurs venait subitement de se couvrir d'une lèpre blanche et fétide, comme si l'état de leur âme avait brusquement contaminé la surface de leur corps. Seul le jeune homme était indemne.

Le serviteur vint se jeter aux pieds de Jésus, mais sans le toucher. Il lui dit dans les larmes : « Pardon, Seigneur, pour ce grand péché ! Ces hommes m'avaient payé pour retarder mon maître jusqu'au soir et j'ai menti, car j'étais aussi avec eux au moment du meurtre. L'un convoitait la femme de Joël et l'autre la jeune veuve. Ils s'étaient mis d'accord pour se débarrasser à la fois de Joël et du jeune homme. Voilà maintenant que je te l'ai avoué. À présent, enlève-moi cette lèpre, puisque tu es bon ! » Jésus lui répondit : « Insensé ! Ne comprends-tu pas que cette lèpre te protège désormais de la mort ? Celle-ci te serait immédiatement infligée selon la Loi, si la santé de ton corps revenait. Avec tes compagnons, profite du temps que Dieu te donne encore sur la terre pour te repentir et pour expier. Car, en vérité, je vous le dis, votre lèpre extérieure n'est que peu de chose à côté de votre lèpre intérieure. Si celle-là ne guérit pas, vous n'aurez jamais part au Royaume éternel. Désormais, comme Caïn, vous porterez sur vous ce signe et il vous protégera de la vengeance de vos semblables [CF. GN 4,14-15]. Maintenant, partez et choisissez la vie éternelle plutôt que la mort éternelle ! » Dans un grand silence, la foule s'écarta pour laisser passer les trois lépreux, qui s'éloignèrent lentement, l'un derrière l'autre, vers les montagnes voisines. Quand ils furent hors de vue, les habitants bénirent Dieu de leur avoir évité la condamnation d'un innocent et le coup du chagrin mortel qu'ils auraient ainsi involontairement porté à sa mère si bonne pour eux.

Enseignement sur le Royaume céleste

32 Un jour, l'un des Douze prit la parole et dit à Jésus : « Seigneur, tu nous as dit que ton Royaume n'était pas de ce monde, mais qu'il était du ciel. S'il n'est pas possible que ton Royaume descende dès maintenant jusqu'à nous, pourrais-tu faire au moins que nous autres, tes disciples, nous soyons élevés jusqu'à lui ? Mais une telle chose est-elle possible, puisque nous sommes encore dans notre corps et que nous ne sommes pas des anges ? » Jésus lui répondit : « La

moindre des créatures vivant sur terre, sous terre ou dans la mer peut devenir pour vous une échelle vous permettant de vous élever un peu vers votre Créateur. Chacune de ces plus petites créatures a été créée avec amour et sagesse, avec nombre et mesure [CF. SG 11,20]. Chacune peut devenir pour vous, si vous êtes attentifs, une parole de Dieu sur Dieu, et ainsi vous aider à monter vers votre Père, qui lui-même vous attire vers son Royaume.

Si, de plus, votre cœur est pur et fidèle, toujours plus prompt à plaire à Dieu plutôt qu'aux hommes, vous n'aurez pas à gravir beaucoup d'échelons sur l'échelle de Jacob [CF. GN 28,12] pour atteindre le Royaume du ciel. Car, en vérité, je vous le dis, le Royaume lui-même descendra en vous et vous deviendrez vous-mêmes un Temple du Très-Haut. L'Esprit de Dieu viendra reposer dans votre cœur comme dans le Sanctuaire. Il vous fera connaître et aimer Dieu en vérité. Il vous révélera votre nom nouveau [CF. AP 2,17], l'être profond que vous êtes devant Lui quand, dans mon propre Cœur qui vous contient tous, Il vous regarde avec amour. Alors, “dans une nuit brillante comme le jour” [PS 139,12], vous comprendrez que vous êtes tous appelés dès avant la fondation du monde à être pleinement fils de Dieu dans le Fils et, par Lui, à devenir les habitants éternels du Royaume céleste. En ce jour-là, vous connaîtrez d'ineffables mystères qu'aucun esprit humain ne peut concevoir sur terre et qu'aucune bouche humaine ne saurait exprimer sur terre. Voilà pourquoi la venue du Royaume céleste parmi vous ne peut être discernée avec les yeux du corps, mais seulement avec ceux de l'âme. Quant à ceux qui ne parlent et n'aspirent qu'au royaume de la terre avec ses œuvres corruptibles, s'ils n'amassent pas eux aussi en vue du Royaume céleste, ils se retrouveront au jour du Jugement comme des fils misérables et dépossédés. Heureux seront-ils alors en cette heure-là s'ils peuvent tout de même cacher leur honte par un manteau de miséricorde, car la miséricorde couvre une multitude de fautes ! »

Enseignement sur le mariage

33 Après avoir ressuscité un jeune homme d'environ quinze ans à Naïn [CF. LC 7,11-17], Jésus laissa venir auprès de lui quelques femmes mariées qui souhaitaient lui exposer leurs difficultés conjugales. L'une d'elles lui déclara : « Rabbi*, chacune de nous vit dans son cœur de grandes tortures et cela depuis des années. Nos maris nous ont prises en haine et mépris, mais, comme nous leur servons encore de vases et d'esclaves, ils nous refusent la lettre de répudiation que nous leur réclamons. Que nous conseilles-tu de faire ? » Jésus répondit : « Apportez-moi ici un récipient rempli d'un peu de lait et un autre rempli d'un peu d'eau. Alors, je pourrai vous conseiller. » L'une des femmes se rendit en hâte dans une maison voisine et apporta les objets demandés, l'un rempli de lait,

l'autre d'eau. Jésus mêla ensemble les deux liquides et dit aux femmes : « Séparez maintenant ce que je viens de mêler, de telle sorte que l'on retrouve comme tout à l'heure le lait d'un côté et l'eau de l'autre. » L'une des femmes fit observer : « Mais, Seigneur, c'est impossible : les deux liquides n'en forment plus qu'un ! » Jésus dit alors : « Il en est de même pour vous et vos mauvais maris. Vous ne pouvez plus arracher aucun d'eux de vous-mêmes, puisque chacun forme avec son épouse une seule chair. Par contre, vous pouvez sanctifier cette mauvaise partie de vous-mêmes. Si mon Père du ciel aime et fait du bien même à ses pires ennemis, voulant toujours qu'ils se convertissent, vous en serez les dignes filles en pardonnant chaque jour à vos mauvais maris et en leur rendant le bien pour le mal. » Une femme particulièrement éprouvée s'écria alors : « Seigneur, nous n'en avons plus la force ! Nous sommes intérieurement comme mortes et tout espoir de paix sur la terre nous a quittées. » Jésus lui répondit avec compassion : « La force d'en haut n'est jamais refusée aux cœurs brisés et broyés [CF. PS 34,19 et 51,19], mais il vous faut la demander à Dieu chaque jour comme un pain de l'âme. En vérité, je vous le dis, c'est votre fidélité persévérante qui sauvera votre couple et tous les vôtres. Si donc vous continuez d'aimer jusqu'à la fin cette partie de vous-même qui vous fait du mal, vous vous préparez de magnifiques épousailles avec Dieu lui-même dans son Royaume ! » Une autre femme prit alors la parole et lui demanda : « Seigneur, si la rupture complète ne nous est pas possible, pour le bien de nos enfants pouvons-nous au moins vivre séparément une grande partie du temps ? » Jésus lui répondit : « Même dans le cas de vies séparées, le mari se doit de nourrir sa femme et ses enfants. De même, la femme se doit d'assister son mari en cas de maladie ou d'incapacité quelconque. Enfin, les deux époux ne doivent pas se remarier puisque, tant qu'ils sont sur la terre, ils restent une seule chair devant Dieu et devant la Loi [CF. GN 2,24]. Prenez pourtant bien garde à ceci : toute séparation durable expose chaque partie à l'adultère. Afin de tenir ce malheur éloigné, que chacun s'efforce toujours d'aimer l'autre de tout son cœur, de tout son esprit et de toute sa chair. Si, par l'endurcissement de votre cœur, vous devenez une étrangère pour votre mari et qu'il en vienne à fréquenter une autre femme, il devra répondre de son péché, mais, à vous qui êtes la cause de son adultère, il vous sera demandé compte du péché d'adultère comme si vous l'aviez commis vous-même. Cette règle s'applique également à votre mari s'il devient par sa faute un étranger pour vous, vous exposant alors à l'adultère et à l'abandon des enfants innocents que Dieu vous avait confiés à l'un comme à l'autre. » Avant de prendre congé, l'une des femmes lui déclara : « Seigneur, nous tâcherons d'être fidèles jusqu'à la mort, comme tu nous y invites de la part de Dieu, mais prie Celui que tu appelles ton Père pour qu'Il nous vienne chaque jour en aide ! » Jésus lui sourit et, sans rien ajouter, la bénit ainsi que toutes ses compagnes.

Enseignement sur les enfants et les vieillards

CF. MT 18,6 ; 19,13-15 ; MC 10,13-16 ; LC 18,15-17

34 Avant de commencer ses prédications, Jésus laissait volontiers venir à lui les enfants et les mères avec leurs nourrissons. Il les bénissait en leur imposant les mains. Comme les petits étaient souvent nombreux et bruyants, les apôtres tâchaient de les repousser au loin tout en les réprimandant avec des paroles comme celles-ci : « Éloignez-vous donc ! Ne voyez-vous pas que vous ennuyez le Maître ! » Mais Jésus protestait en disant : « Non, laissez-les s'approcher de moi ! Ce ne sont pas eux qui m'ennuient et me peinent. Comme la rosée enlève la poussière des fleurs, l'amour de ces enfants enlève la tristesse de mon cœur. » Avant de commencer à prêcher, il se penchait vers les enfants qui s'étaient assis à ses pieds et les avertissait avec douceur : « Petits enfants, tâchez maintenant de garder le silence. Ainsi, mes disciples ne vous renverront pas et nous pourrons rester plus longtemps ensemble. » Plus tard, il s'en expliquait à ses disciples, leur disant : « Qu'ils sont chers à mon cœur, ces petits enfants qui n'ont ni orgueil, ni duplicité, ni luxure ! Avec tous les cœurs fidèles, ils sont ma consolation sur la terre. Si vous voulez entrer dans mon Royaume, efforcez-vous donc de leur ressembler ! Mettez-vous à leur école, car, sachez-le, mon Père leur révèle la vérité comme à des anges et non comme à des sages. Imitez-les et respectez-les ! Tout acte de miséricorde envers

l'un de ces petits que l'on sauve de la faim, de la soif et du froid aura sa récompense. Mais tout acte de miséricorde envers l'un de ces petits que l'on sauve de la corruption du monde aura une récompense incomparable. Malheur à ceux qui, par leurs propos ironiques et leurs mauvais exemples, blessent la foi que ces innocents mettent en moi ! Malheur à ceux qui les poussent sur des sentiers de péché et de haine ! En vérité, ceux qui cherchent ainsi à les entraîner vers une mort redoutable, puisque éternelle, mieux vaudrait pour eux qu'on les conduise dès aujourd'hui au désert pour qu'ils puissent y offrir la destruction du temple souillé de leur corps en expiation de leur grand péché. »

L'un des Douze lui dit alors : « Nous connaissons des vieillards qui sont faibles comme des enfants. Tes paroles peuvent-elles également s'appliquer à eux ? » Jésus lui répondit : « Tout vieillard juste sera pour toi comme un père ou une mère. Il sera une bénédiction dans ta maison ainsi que pour tous ceux qui lui viendront en aide. Bienheureux ceux qui aiment et honorent les vieillards ! Bienheureux aussi les vieillards dont l'âme sera devenue comme celle d'un enfant pur et confiant [CF. PS 130,2] ! En vérité, celui qui n'honore pas un vieillard ou qui maltraite un enfant est doublement coupable, car aucun des deux ne peut se défendre. Si vous savez aimer tout vieillard et tout enfant en mon nom, vous me donnerez de la joie et mon Père vous le rendra. »

Premier envoi en mission

CF. MT 10,5-42 ; MC 6,7-13 ; LC 9,3-6 ; 10,1-16

35 Ce jour-là, Jésus quitta Capharnaüm en direction du nord. Les douze apôtres l'accompagnaient ainsi que quelques disciples. Après avoir marché environ trois heures, ils arrivèrent à une montagne qu'ils gravirent. Près du sommet, Jésus réunit les siens autour de lui et se mit à leur parler de la mission qu'il voulait leur confier durant les dix prochains jours. Il les instruisit en ces termes : « Ce que vous m'avez entendu proclamer au peuple, retenez-le et allez le répéter aux villes vers lesquelles maintenant je vous envoie. À l'aide des Écritures et des paraboles* que je vous ai enseignées, annoncez-leur que le Royaume des cieux s'est approché d'eux. Parlez-leur de Celui que Jean a désigné et des œuvres de salut que vous avez vu faire au Fils de l'homme*. En mon nom, imposez les mains aux malades et aux possédés, annoncez aux humbles la bonne nouvelle de la visite de votre Dieu [CF. IS 40,9-10], soignez les cœurs brisés, annoncez une libération prochaine aux prisonniers de leurs péchés [CF. IS 61,1-2], consolez les veuves et les orphelins, secourez les pauvres, enseignez les cœurs simples, baptisez les vrais repentants comme le fait Jean, proclamez qu'il arrive le temps du salut de votre Dieu. » Après les avoir un moment considérés chacun avec affection, il reprit : « Beaucoup de scribes* et de Pharisiens* chercheront à vous faire tomber dans toutes sortes de pièges, mais ne vous

inquiétez de rien : la force de l'Esprit Saint vous sera donnée aux moments difficiles et vous triompherez de tout jusqu'à l'heure de votre propre sacrifice. Plus tard, des loups viendront vers vous revêtus de peaux d'agneaux et demanderont à marcher à votre suite. Soyez très vigilants et jugez-les à leurs fruits. S'ils cherchent le pain de la gloire humaine, ils voudront être les premiers parmi vous et refuseront de livrer leur vie pour les petites brebis qui sont pourtant comme la prunelle de l'œil de votre Père [CF. PS 17,8]. En vérité, je vous le dis, aucun de vous n'est supérieur à l'autre, et celui qui veut devenir votre maître parmi vous, qu'il se fasse comme votre serviteur et votre mère. Pour votre route, ne prenez rien, sinon des sandales et un bâton. Durant l'espace des deux prochains sabbats, vous n'aurez pas besoin de tunique de rechange, ni de vivres, ni d'argent. Dans chaque ville où vous irez, ne restez pas plus d'une journée et d'une nuit. Parlez peu et agissez bien. Lorsque la chose sera possible, faites-vous précéder d'un ou deux disciples qui se chargeront d'annoncer votre venue, de convoquer le peuple et de préparer votre hébergement. Cherchez l'hospitalité auprès de personnes connues pour leur piété et leur bonté. Une fois que vous y serez, demeurez-y jusqu'à votre départ. Là, mangez et buvez ce que l'on vous présentera, car l'ouvrier mérite son salaire. En entrant, dites d'abord : "Que la Paix de Dieu repose sur cette maison !", et en partant, dites encore : "Que la paix de Dieu reste sur cette maison !" S'il y a là un fils de la Paix, votre bénédiction profitera à lui et aux siens, sinon elle reviendra sur vous. Durant ces jours de mission, vous serez souvent les bienvenus, mais, sachez-le, un temps viendra où l'on vous persécutera et où ceux qui le feront croiront ainsi rendre un culte à Dieu. Heureux alors ceux pour qui je ne serai pas une occasion de chute ! »

Simon Pierre lui demanda : « Seigneur, si des loups viennent à nous déguisés en agneaux et qu'ils se mettent à déchirer les vrais agneaux, que devrons-nous faire ? » Jésus lui répondit : « Si vous restez unis dans mon amour, vous vaincrez les méchants comme je les ai vaincus. Et s'ils vous tuent, n'ayez pas peur, car ils ne peuvent tuer que votre corps et non votre âme. S'il vous fallait craindre quelqu'un, ce serait plutôt Celui qui a le pouvoir de jeter l'âme et le corps dans la géhenne de feu. Mais si vous êtes des fils de la vérité et de la miséricorde vous n'avez pas à vous préoccuper du jugement du juste Juge. Et en vérité, je vous le dis, même si le Mauvais vous faisait encore sentir la force de son pouvoir, si vous devenez humbles et confiants comme de petits enfants, vous aurez toujours accès au pardon et à la miséricorde [CF. SG 6, 6]. Sachez-le donc une bonne fois : votre Père du ciel préfère pardonner que châtier, et s'il a envoyé son propre Fils sur la terre, ce n'est pas pour appeler les justes, mais les pécheurs, afin qu'ils se convertissent. » [CF. AGRAPHON CITÉ PAR CLÉMENT DE ROME, 2e ÉPÎTRE 5,2-4.]

Quand Jésus eut achevé de donner ses instructions, les Douze et les quelques disciples présents s'agenouillèrent en cercle autour de lui. Il pria pour tous, imposant longuement les mains sur chacun des Douze et sur eux seulement. Ensuite, ils se saluèrent mutuellement et partirent deux par deux vers différentes cités de Galilée, de Syro-Phénicie et de Trachonitide*. Il était convenu qu'ils se retrouveraient tous à Capharnaüm d'ici dix à quinze jours. Après quoi, ils prendraient un peu de repos.

De l'utilité de prier pour les pécheurs impénitents

36 Comme les disciples revenaient deux par deux après avoir annoncé la Bonne Nouvelle dans les régions de Haute-Galilée, l'un d'entre eux dit à Jésus : « Seigneur, nous avons rencontré une femme qui confesse ton Nom* et qui nous a suppliés de prier pour la conversion de son mari très hostile à ta Voie. Nous avons donc prié ensemble tous les trois et en croyant fermement que ton esprit était présent parmi nous. Quelques jours plus tard, cette même femme est revenue nous trouver, mais cette fois, elle était en pleurs. Elle nous a raconté que, depuis le jour de notre prière, son mari était devenu comme un démon avec elle et que, loin d'aller vers ta lumière, son état était devenu bien pire qu'avant. Nous n'avons pas pu la consoler, car nous n'avons pas compris nous-mêmes pourquoi l'effet de notre prière avait été si contraire à nos espérances. Toi, peux-tu nous éclairer :

avons-nous mal prié ou pas assez longuement ? » Jésus lui répondit : « Toute prière que vous dites avec foi au nom du Fils de l'homme* est toujours écoutée de mon Père du ciel. N'en doutez pas : vous avez bien prié. Quand vous êtes deux ou trois rassemblés en mon Nom, je suis là au milieu de vous. Et même si vous êtes seuls, je suis toujours là avec vous si vous, vous êtes avec moi [CF. PAPYRUS 1 D'OXYRHYNQUE]. Il en est ici de la grâce comme d'un médicament. Si le malade est très atteint et que le mal soit très profond, les remèdes ne feront qu'aigrir la plaie et la rendre plus grave encore. Vous avez prié le Père pour un cœur malade de haine. La lumière du ciel est donc venue devant sa porte pour l'appeler à faire humblement retour sur lui-même. Le don de Dieu l'a ainsi rendu davantage libre de choisir l'amour et de rejeter la haine. Mais si ce cœur, allégé pour un temps, manque d'humilité et se révèle trop démuni de bonnes œuvres passées, il peut se raidir contre le remède et choisir de se donner encore plus totalement à sa haine. Sa situation devient alors pire qu'auparavant. Dieu pourtant ne l'abandonnera pas : Il continuera à le considérer à travers l'encens de la prière de ses justes et attendra des temps meilleurs. Toutes les prières faites pour ce pécheur seront alors comme mises en réserve pour un moment plus favorable. Pour cet homme, l'heure de la grâce sera peut-être celle d'une grosse épreuve ou l'heure de sa mort corporelle. Si, par contre, le cœur malade du pécheur accepte humblement de faire effort sur lui-même pour aller vers le pardon et l'amour, les prières faites pour lui pourront immédiatement commencer à lui profiter. Elles lui apporteront le surcroît de lumière et de force qui lui manquait jusqu'à présent. Voilà pourquoi, mes enfants, il vous faut prier sans cesse pour les pécheurs et sans jamais vous décourager. Et quand vous priez, ne dites pas seulement "mon Père", mais aussi "notre Père", car vous ne priez jamais tout seul et pour vous seul, mais également pour tous les pécheurs qui sont vos frères et qui, comme vous, sont appelés à connaître et aimer le Père. Priez donc les uns pour les autres, car, en vérité, vous appartenez tous au même Corps, et, selon le don qui vous est fait, vous êtes tous responsables de la santé du Corps tout entier. »

Un exorciste inconnu des disciples

CF. MC 9,38-40 ; LC 9,49

37 Comme ils se trouvaient encore dans la région de Capharnaüm, Jean prit la parole et dit à Jésus : « Rabbi*, nous avons parcouru le pays d'ici comme tu nous l'avais demandé. Nous avons rencontré un homme que nous n'avons jamais connu comme ton disciple. Or nous l'avons vu de nos yeux qui expulsait les démons en ton nom. Dans un groupe de pèlerins qui se rendaient à Jérusalem, il a guéri devant nous une fillette qu'un mauvais esprit avait rendu muette. Cet homme disait : "Va-t'en de cette petite, démon maudit, au nom du Seigneur Jésus, le vrai Messie* de Dieu ! Fuis devant son Nom !" Or le démon s'est bel et bien enfui et la fillette s'est remise à parler. Comme cet homme ne te suit pas et que nous ignorons ce qu'il enseigne sur ton compte, nous avons voulu l'empêcher de se servir encore de ton Nom. Il s'est défendu en disant : "Quel mal pouvez-vous me reprocher ? J'honore le Messie en nettoyant devant lui son chemin." Nous lui avons répondu : "Tu n'es ni exorciste en Israël ni disciple du Seigneur Jésus. Il ne t'est donc pas permis de te servir de ce Nom-là." Mais lui a répondu : "Il est toujours permis de faire le bien. Je continuerai donc, sauf si Lui-même me l'interdit." Voilà, Rabbi, je te l'ai dit. » Jésus alors prit la parole et dit aux Douze : « Cet homme avait raison et, vous, vous aviez tort. Pensez-vous qu'il n'y ait qu'un seul chemin pour me suivre et plaire au Père ? L'amour est unique, mais non les chemins de l'amour. Et sachez-le : certains prennent parfois de mauvais chemins, mais peuvent retrouver le bon chemin, si leur intention est droite. Il en est d'autres, par contre, qui naissent sur le bon chemin, mais les désirs impurs de leur cœur les entraînent à leur insu sur les mauvais chemins. Vous ne devez donc pas juger vos semblables, car vous ne les voyez pas comme Dieu les voit. Quand vous rencontrez un homme qui croit en mon Nom et qui fait du bien par lui, ne l'appelez pas ennemi, étranger ou sacrilège. En vérité, il n'est personne qui expulse un démon ou fasse un miracle en mon Nom et qui, sitôt après, puisse parler mal de moi. Tous n'ont pas reçu les lumières et les pouvoirs que vous avez reçus. Il en est qui sont loin et qui reçoivent peu, mais de ce peu, leur foi peut faire produire beaucoup. Aussi, je vous le dis, si vous rencontrez encore cet homme, ne lui faites plus de défense, mais appelez-le votre frère même si, à vos yeux, il œuvre en dehors de mon Bercail. Car qui n'est pas contre moi est avec moi. Et qui n'est pas contre vous est pour vous. » Jean lui demanda : « Alors, Rabbi, nous avons péché envers cet homme ? » Jésus lui répondit : « Non, car vous avez agi par ignorance, croyant bien faire. Cependant, à l'avenir, sachant ce que vous savez maintenant, vous contracteriez une dette véritable à l'égard de votre Père. Veillez donc à ne point faire le jeu du Mauvais en croyant lutter contre lui. L'amour que vous aurez les uns pour les autres vous servira de signe. Vous êtes tous différents et pourtant tous frères et fils d'un même Père qui est au ciel. En vérité, si vous demeurez dans mon amour, mon Nom sera pour vous vie et salut dans ce monde et aussi dans l'autre ! »

La conversion définitive de Marie de Magdala

CF. LC 8,2 & MT 12,44 ; LC 11,24-26

38 Jésus se rendit à Azanoth, au sud-ouest de Séphoris. Plusieurs des femmes, qui aidaient la communauté de leurs biens, décidèrent de venir l'écouter en ce lieu. Marthe, la sœur de Lazare, prévint sa sœur Marie, qui rési-

dait habituellement à Magdala, et la pressa de venir réentendre le grand prophète de Nazareth. Ce fut en fait une compagne pécheresse de Marie qui émit l'argument décisif : « Si ce prophète mérite sa renommée, lui dit-elle, le spectacle en vaudra certainement la peine ! » Marie déclara cependant à sa sœur Marthe : « Eh bien ! j'irai, mais pas avec toi. Prends donc les devants. Je ne veux pas qu'on nous voie ensemble, car tu négliges trop ton apparence extérieure et tu sembles avoir oublié la dignité de notre condition. » Les deux sœurs se séparèrent donc. Marie revêtit une riche toilette, se coiffa d'un bonnet orné de perles et se mit de longues boucles d'oreilles. Avec ses compagnes de mœurs légères, elle fit le voyage jusqu'à Azanoth à dos d'âne. Une fois parvenues à l'emplacement où devait se tenir la prédication, elles allèrent s'installer à part, bien en avant par rapport à l'endroit où s'étaient placées les saintes femmes. Certaines des personnes présentes reconnurent en Marie de Magdala la femme qui, quelques mois plus tôt chez un Pharisien* lépreux, avait répandu un nard précieux sur la chevelure de Jésus. Sa première conversion avait été suivie, peu de temps après, d'une terrible rechute. Cela se savait et on s'étonnait qu'une telle femme osât encore se montrer dans l'entourage du prophète galiléen.

Jésus relata d'abord de quelle façon souvent malveillante des cités de la région accueillaient le don du salut qu'il venait leur offrir de la part de son Père céleste. Après avoir ainsi parlé des cités, il en vint aux personnes elles-mêmes. Il dit alors : « Certains accueillent avec reconnaissance le don du salut, puis, dès que survient une difficulté ou une contrariété, les voilà qui abandonnent aussitôt leurs bonnes dispositions pour retourner à leur vie passée dissolue. Qu'en est-il du cœur de telles personnes ? Il est semblable à une maison dont un jour l'esprit impur est chassé. Celui-ci se met alors en quête d'une autre habitation et, s'il ne la trouve pas, il décide de revenir vers la première. Arrivé sur le seuil, comme il la découvre balayée, ornée et prête à recevoir l'Époux divin, il décide d'aller chercher de l'aide. Il s'adjoint six autres esprits encore plus mauvais que lui et, avec eux, il réinvestit la place. Du coup, l'état final de cet homme devient encore pire qu'auparavant. Sans vigilance et prière, tout pécheur converti risque de finir de la même manière ! »

En entendant ces paroles, Marie de Magdala était toute songeuse et se demandait si cet enseignement pouvait aussi la concerner personnellement. Peu après, Jésus se tourna vers les quatre points cardinaux tout en déclarant d'une voix forte : « Esprits démoniaques, adversaires de Dieu et tentateurs des hommes, je vous ordonne de sortir de tous ceux qui aspirent ici à être libérés de votre emprise pernicieuse ! Par contre, que ceux qui préfèrent votre compagnie et vos mensonges se retirent maintenant de notre assemblée ! » Plusieurs personnes de l'assistance furent alors prises de fortes angoisses et même de convulsions, ce que voyant plusieurs d'entre elles préférèrent quitter les lieux en murmurant : « Il n'a même pas invoqué le secours du Nom* très saint : mieux vaut quitter ces sorcelleries dangereuses ! Qui peut, en effet, nous assurer que ce prétendu prophète n'agit pas ici par la puissance de Satan* ? » Bien que très mal à l'aise, Marie de Magdala choisit de rester. Elle aussi éprouvait des convulsions violentes, et son entourage s'efforçait de la calmer en lui frictionnant le visage et les mains avec des onguents parfumés. Peu après, comme d'autres, Marie perdit conscience quelques instants. Dans la foule, des voix affolées s'élevèrent : « Arrête, Maître, arrête ! Des gens ici se meurent ! » Mais Jésus leur répondit calmement : « Soutenez-les pour le moment. La défaillance qui les frappe leur est salutaire : une vie nouvelle va bientôt leur être donnée. » Voyant sa sœur évanouie, Marthe accourut immédiatement. Elle remarqua sept tressaillements avant qu'elle ne rouvre les yeux. Presque aussitôt, Marie éclata en sanglots, torturée intérieurement par un puissant repentir. Elle demanda à Marthe si elle pouvait venir s'asseoir à côté des saintes femmes. C'en était trop pour ses compagnes mondaines, qui préférèrent alors s'éclipser. Quant à Marie de Magdala, elle ne cessait de répéter à qui voulait bien l'entendre : « Je suis une pauvre pécheresse livrée à tous les vices ! Je ne suis qu'un rebut d'humanité ! » Les saintes femmes tâchaient de la calmer, mais Marie déchirait ses vêtements, s'arrachait les cheveux, se cachait tout entière dans les plis de son ample manteau.

Plus tard, alors que dans une maison de la cité Jésus se restaurait un peu, debout avec ses disciples et quelques Pharisiens, Marie de Magdala réussit à se faire introduire auprès de lui. Elle se jeta à ses pieds et lui demanda anxieusement : « Seigneur, toi tu me connais : puis-je encore être sauvée alors que j'ai tellement péché ? » Cependant, devant son intrusion parmi eux, les Pharisiens et les disciples se scandalisèrent et protestèrent auprès de Jésus : « Voyons, Maître ! Cette femme est totalement impure et elle a aujourd'hui considérablement troublé l'ordre public. Renvoie-la donc une bonne fois pour toutes ! » Mais Jésus leur répondit : « Laissez-la donc pleurer et gémir ! Vous ignorez que ce qui se passe actuellement en elle est un travail de la grâce. » Puis, se tournant vers Marie, il lui dit doucement : « Marie, le vrai repentir t'est maintenant ouvert. Crois et espère de tout ton cœur. Bientôt, tu trouveras la paix. Va et marche vers la lumière avec confiance ! » Marie se retira réconfortée et toute désireuse de se plonger dans la pénitence, mais elle ressentait malgré tout une terrible tentation de désespoir. Quand elle se regardait intérieurement, elle se jugeait perdue.

Le lendemain, elle revint trouver Jésus. Elle se jeta encore une fois à ses pieds la face complètement contre terre, toute en larmes, les cheveux épars. Elle lui dit : « Rabbouni*, j'ai péché avec toutes les parties de mon corps et mon cœur est plein de pourriture. Je t'en prie, dis-le-moi ouvertement : puis-je encore être sauvée ? » Jésus lui répondit : « Mariam, relève-toi ! Tes nombreux péchés te sont maintenant pardonnés. » Elle lui dit : « Seigneur, je te remercie, mais je crains de retomber comme l'autre fois. Accorde-moi, je te prie, la grâce de persévérer dans le bien. » Jésus lui répondit : « Qu'il te soit fait selon ta foi ! Désormais, avance dans la pureté et l'oubli de toi-même. Prends conseil auprès de ma mère. Elle saura te consoler dans les durs moments par lesquels tu auras encore à passer. Va maintenant en paix ! » Après que Jésus lui eut donné sa bénédiction, Marie, toute bouleversée d'amour et de reconnaissance, se retira et commença sans tarder une vie de pénitence rigoureuse. Certains la prirent pour une folle, car elle demandait pardon à tout le monde. Remarquant son grand état de faiblesse, les saintes femmes la pressèrent de prendre quelque repos avant de repartir. Elles-mêmes prolongèrent d'autant leur séjour à Azanoth.

Pilate prend des informations sur Jésus

39 Peu après l'assassinat de Jean le Baptiste, Jésus monta à Jérusalem accompagné de ses disciples. Il enseigna au Temple sans être inquiété, car ses principaux ennemis étaient alors absents de la Ville sainte. Pour l'heure, à Jérusalem, il n'était question que du récent écroulement d'une partie du grand aqueduc reliant le quartier de Siloé au Temple. La catastrophe, qui avait fait des morts, résultait

directement de certaines imprudences prises à dessein par dix-huit architectes qu'Hérode* avait prêtés à Pilate. À la faveur de ce désastre d'apparence accidentelle, le tétrarque de Galilée espérait augmenter notablement l'excitation du peuple contre Pilate. Ce dernier, très en colère, décida d'aller déposer une plainte officielle contre Hérode devant l'empereur de Rome. Sur le point de quitter Jérusalem, il fit venir l'un de ses hauts fonctionnaires pour l'interroger sur l'état actuel de l'ordre public en ville et dans la province proche. Il lui fit notamment cette remarque : « J'ai entendu dire que Jésus, le guérisseur galiléen, était ici en ce moment. Traîne-t-il du monde après lui et ces gens-là sont-ils armés ? — Non, répondit le fonctionnaire, il n'est accompagné que d'un petit nombre de disciples paisibles. Ce sont tous des gens de condition modeste, qui, pour lui, ont délaissé leur emploi. Le Nazaréen prêche habituellement en plein air sur des collines ou dans des synagogues. Il guérit des malades et fait distribuer des aumônes aux pauvres. Ses prédications attirent souvent beaucoup de monde, parfois même des milliers de personnes. — Prêche-t-il contre l'empereur ? demanda Pilate. — Non, répondit le fonctionnaire, il prêche surtout la réforme des mœurs et la miséricorde. Il enseigne, par exemple, qu'il faut donner à l'empereur ce qui est dû à l'empereur et à Dieu ce qui est dû à Dieu. On l'a cependant plusieurs fois entendu parler de la venue prochaine de son royaume, mais la chose n'est pas claire. » Pilate conclut alors l'entretien par ces mots : « Tant qu'il ne lève pas d'armée et ne trouble pas l'ordre public, nous n'avons aucune raison de nous inquiéter de lui. Si son seul tort est de guérir les gens, je ne vois pas pourquoi les grands prêtres* le blâment à ce point. Auraient-ils donc peur de ses pouvoirs ? »

Visite d'une prison-hôpital à Tirça

40 Jésus et ses disciples se rendirent en Samarie jusqu'à la verdoyante Tirça, à deux heures et demie de marche au nord-est de Sichem. Sur la grande place au centre de la ville se dressait un ancien palais très vaste, possédant plusieurs cours et des tours rondes. Une partie tombait en ruine, mais l'autre avait été aménagée en hôpital et en prison. Jésus pénétra dans le bâtiment et demanda au responsable de l'hôpital la permission de rendre visite aux malades, ce qui lui fut accordé. Il se mit alors à parcourir les salles des hommes, enseignant les uns, consolant les autres, opérant plusieurs guérisons, surtout parmi les lépreux qu'on avait relégués à part. Il demanda aux disciples de distribuer aux plus pauvres des vêtements et des couvertures. Plus tard, il se rendit dans les salles réservées aux femmes et en guérit beaucoup. À tous, il fit donner à boire et à manger sur le compte de la bourse communautaire.

Un certain nombre de chambres qui donnaient sur la cour intérieure servaient également de cellules aux prisonniers de la région. Beaucoup étaient là pour dettes, d'autres pour cause de sédition ou de comportements scandaleux, quelques-uns enfin n'étaient que les malheureuses victimes de vengeances particulières. La plupart avaient été totalement oubliés du monde extérieur et dépérissaient. Jésus alla trouver l'officier romain qui détenait la responsabilité de la prison. Ce dernier l'autorisa à visiter les détenus qui n'étaient pas astreints à une peine d'isolement ou de cachot. Jésus écouta les plaintes de tous et leur fit servir de l'eau fraîche. Il les enseigna, les consola et les exhorta à renouer avec leur famille. Comme certains lui avouaient leurs péchés, il les leur remit. Il alla ensuite parlementer avec l'officier romain pour étudier avec lui de quelle manière la dure condition actuelle des détenus pourrait être adoucie. Il s'engagea à payer prochainement les dettes des insolvables qui n'avaient plus aucune famille ni ami. Il se porta même caution pour certains prisonniers dont il garantissait l'innocence ou l'amendement. Le préposé l'écouta avec bienveillance et lui objecta qu'autoriser de telles mesures n'était pas en son pouvoir, mais relevait directement de l'autorité des magistrats et des Pharisiens* de la ville. Jésus lui dit alors : « Après l'office de ce soir à la synagogue, je reviendrai te voir avec les magistrats. Nous examinerons alors ensemble ce qui peut être fait. »

Durant sa prédication à la synagogue, Jésus prêcha sur le devoir de miséricorde à l'égard de tout malade et de tout prisonnier. Il insista sur le fait que ce genre de devoir avait été jusqu'ici trop négligé à l'hospice de la ville. Il dit notamment : « Il en est ici qui s'enrichissent sur ce qui est normalement prévu pour l'entretien des personnes de l'hospice. Ils ignorent ceux-là les avertissements d'Isaïe déclarant au nom de Dieu : "Malheur à vous qui refusez la justice aux faibles et qui frustrez de leur droit les pauvres de mon peuple !" [IS 10,2]. Il en est également parmi vous qui sont sans pitié pour leurs semblables. Ils les laissent languir misérablement en prison, pour l'unique raison qu'ils sont devenus à leur encontre des débiteurs insolvables. Ceux-là ignorent donc qu'ils sont eux-mêmes les débiteurs de leur Père du ciel auquel ils doivent, pour tous les biens reçus et tous les péchés pardonnés, une dette considérable. Si donc vous restez intraitables avec vos frères qui vous doivent des sommes d'argent périssable, votre Père vous redemandera compte de tout ce que vous lui devez, et vous aurez alors à lui rendre ce qui lui appartient jusqu'au dernier sou. En vérité, je vous le dis, c'est maintenant l'heure de la grâce et du pardon. Ne la laissez pas passer, car elle viendra aussi l'heure du jugement. À ce moment-là, vos duretés d'aujourd'hui vous perceront comme des flèches et vos blessures d'alors, qui vous les soignera ? À la mesure dont vous aurez traité vos frères sur la terre, vous pareillement serez traités dans l'autre monde. Ceux qui ont des oreilles pour entendre, qu'ils s'en servent avant qu'il ne soit trop tard ! » Malgré ces avertissements sévères, Jésus dut insister pour que les magistrats de la cité l'accompagnent jusqu'à la prison.

Là, publiquement, devant l'officier romain et la foule rassemblée, il réaffirma sa volonté de régler les dettes de tous les débiteurs emprisonnés, qui avaient été totalement abandonnés par le monde extérieur. Par dépit, plusieurs des créanciers présents déclarèrent alors des montants de dettes considérablement augmentés par rapport à la réalité. Jésus le savait, mais signa malgré tout la reconnaissance de dette, qui l'engageait officiellement et personnellement. Ainsi, dans les prochaines semaines, il s'obligeait à tout payer grâce à la vente d'un bien immobilier que Lazare et sa sœur Marie venaient d'offrir récemment à la communauté pour le secours des pauvres (il s'agissait, en fait, de la propriété de Magdala où Marie avait vécu sa vie dissolue). Après la signature du document, le surveillant fit libérer un certain nombre de prisonniers. Ils étaient très affaiblis et malades. Jésus leur fit prendre un bain, donner des vêtements et de la nourriture. Il s'occupa également de leur faire obtenir un logement dans les environs, cette proximité géographique étant une condition imposée par les magistrats jusqu'à ce que tous les fonds promis leur soient parvenus.

Jésus appelle une femme à le suivre

41 Comme Jésus était de passage à Cana de Galilée, il se rendit dans la maison où il avait opéré son premier signe* devant ses dis-

ciples, là où, au cours d'une noce, il avait changé de l'eau en vin [CF. JN 2,1-11]. Tourmenté par l'inquiétude et la tristesse, le maître de maison lui dit : « Seigneur, comme tu le sais, ma femme est jeune et n'a encore jamais enfanté. Or voilà qu'elle se meurt lentement dans de grandes souffrances. Je t'en prie, viens la voir et guéris-la ! » Jésus lui demanda : « Crois-tu que je puisse faire cela ? » L'homme répondit : « Oui, je le crois, parce que tu es le Messie, le Béni de Dieu. » Jésus répliqua : « Que me donneras-tu en échange ? » L'homme lui dit : « La somme que tu veux. » Jésus lui dit alors : « Je ne souille pas ce qui est saint avec le sang de Mamon*. Je demande à ton esprit ce qu'il est prêt à me donner. » D'une voix ferme, l'homme lui déclara : « Moi-même, si tu le veux ! » Jésus répliqua : « Et que dirais-tu si je te demandais ton épouse pour l'appeler à se joindre au groupe des femmes qui nous suivent et qui nous aident ? » Il répondit : « Tu en as le droit, Seigneur. Dans ce cas, j'imiterai notre Père Abraham dans la promptitude du sacrifice. Mais, puisque tu connais ce qu'il y a dans l'homme, tu sais donc à quel point j'aime celle qui est la lumière de mes yeux et la consolation de ma chair. Je ne puis disputer à Dieu ce qui Lui appartient. Si ma femme veut te suivre, je ne m'y opposerai pas. Seulement, en la guérissant, guéris aussi mon cœur et ma chair. Je ne veux pas, en effet, que la peine causée par son départ me plonge un jour dans la révolte contre Dieu et contre toi. » Jésus lui répondit : « Voici maintenant que la santé est rendue à ton épouse. Elle va venir nous rejoindre dans un moment. Tu verras alors que, sans qu'il soit besoin qu'on lui parle, son esprit viendra tout droit à son Seigneur, telle une flamme qui monte vers le ciel. Loin d'éteindre son amour pour toi, son don à Dieu le rendra plus fort et plus pur. Elle t'aimera comme t'aime ton ange. Tu en auras de la paix et, si toi-même tu demeures fidèle, cette paix d'en haut passera progressivement de ton esprit à toute ta chair. » Le maître de maison lui répondit : « Quelle joie : ma femme va rester sur la terre grâce à toi ! J'espère que son amour saura me guider sur ton chemin et qu'il nous sera encore donné de nous revoir en cette vie. Dieu me l'avait donnée, Dieu me la reprend : que son saint Nom soit béni pour le grand don qu'Il m'avait fait et pour celui qu'Il me demande aujourd'hui ! » À peine avait-il achevé ces paroles que sa femme entra sans aucune aide, tout à fait guérie. Elle salua son mari et vint se prosterner aux pieds de Jésus en disant : « Seigneur, merci d'être venu sous notre toit et d'y avoir manifesté une nouvelle fois ta miséricorde. Tu m'as rendu la vie et comme je voudrais pouvoir t'en faire don à mon tour ! » Jésus lui dit en souriant : « Femme, si ton mari l'accepte, viens et joins-toi à nous pour travailler à la vigne de mon Père du ciel. Désormais, ma mère et mes sœurs* seront ta mère et tes sœurs. » L'homme fit signe à son épouse qu'il acceptait d'avance tout ce qu'elle déciderait. Alors celle-ci déclara à Jésus : « Seigneur, ton amour est plus fort que la mort et ton esprit est une flamme divine qui me brûle : pose-moi donc comme un sceau sur ton cœur et fais de moi ce que tu veux à la gloire de Celui qui t'envoie ! » [CF. CT 8,6.] Dès cette heure-là, quittant tout, la jeune épouse vint demeurer avec les femmes qui suivaient Jésus et ses disciples.

Enseignement sur la prière

CF. MT 7,7-11 ; LC 11,9-13 ; 18,1 ; 21,36 ; JN 14,13-14

42 Alors qu'ils marchaient dans la région d'Haçor, à environ cinq heures de marche au nord de Capharnaüm, Jésus donna aux Douze un enseignement sur la prière. « Vous faites bien de prier souvent, leur dit-il, mais vous ferez mieux encore en priant toujours. De même que votre corps ne cesse de respirer, qu'ainsi de même votre cœur ne cesse de prier. Veillez à ne pas imiter ces Pharisiens* qui s'imaginent être mieux entendus de Dieu en multipliant leurs paroles et leurs gestes. Votre Père du ciel sait lire dans le secret de vos cœurs. Le plus petit mouvement d'amour vers lui, il le voit et le reçoit comme un père voit et reçoit son enfant bien-aimé après une longue absence. Ne lui exposez donc pas longuement vos besoins, mais dites-lui longuement votre amour. Demandez-lui les grandes choses, et les petites vous seront données par surcroît [AGRAPHON DE CLÉMENT D'ALEXANDRIE in *STROMATES* 1,24]. Actuellement, la plupart d'entre vous prient comme Ésaü pour obtenir d'abord la graisse de la terre. Priez donc plutôt comme Jacob pour obtenir d'abord la rosée du ciel [CF. GN 27,28]. Et ne vous semble-t-il pas étrange de demander à Dieu l'exaucement de votre propre

volonté avant de vous mettre à l'écoute de la sienne ? Commencez donc par le saluer comme votre Père et remerciez-le pour tous ses dons. Priez-le ensuite de vous éclairer sur vous-même, sur vos vrais besoins et vos vrais devoirs. Demandez-lui surtout de faire venir en vous son Royaume céleste et cessez de vouloir vous construire un royaume borné et charnel à votre image. Ne savez-vous pas que vous êtes sur la terre comme des hôtes étrangers ? » [CF. GN 23,4.]

Vers le soir, Jean, fils de Zébédée, le prit à part et lui dit : « Rabbouni*, permets-moi de t'accompagner cette nuit dans la montagne. Je voudrais prier non loin de toi. » Jésus lui répondit : « Si mon Père t'appelle, va là où il t'appelle. » Jean lui dit alors : « Je sais que la meilleure prière est celle que la Sagesse divine nous inspire elle-même, mais je voudrais cependant que tu me donnes une prière pour cette nuit et pour toutes mes autres nuits. » Jésus le considérant avec amour lui dit alors : « Quand tu viendras dans la solitude pour demeurer avec nous comme un ami demeure avec son ami, tu pourras prier ainsi :

« Abba-Père*, Seigneur du ciel et de la terre,
« me voici devant toi pour me nourrir du pain de ta Parole,
pour discerner ta volonté et pour sanctifier ton Nom*.
« Puisque tu n'agrées plus les holocaustes et les sacrifices,
voici que je viens pour te livrer toute ma vie.

« Mes délices, ô mon Dieu, c'est d'accomplir tout ce qui te plaît
et mettre ta volonté au cœur de mes entrailles.
« Abba-Père, ne retiens pas loin de nous tes miséricordes,
mais que ton Amour et ta Vérité nous gardent constamment ! [CF. PS 40,7-11.]
« Car c'est à toi qu'appartiennent le règne, la puissance et la gloire,
pour les siècles des siècles. Amen. »

Annonce de la Passion

CF. MT 17,22-23 ; MC 9,30-32 ; LC 9,44-45

43 Cela faisait déjà le deuxième jour que Jésus et les Douze s'étaient embarqués sur les barques de Pierre et de Jacques, et qu'ils naviguaient au large sur la mer de Galilée. Leur temps se passait surtout à ramer, à pêcher, à prier et à écouter les instructions de Jésus. La nuit, ils se rapprochaient du rivage et dormaient tous ensemble dans les barques. Vers minuit, ils se relevaient pour réciter des psaumes en commun [CF. PS 119,55].

Durant le deuxième jour, Jésus se mit à leur parler plus clairement des temps difficiles qui allaient venir. Il leur dit notamment ces paroles : « Beaucoup qui nous acclament aujourd'hui vont se scandaliser demain. Ils nous jetteront des pierres et nous couvriront d'injures. Comme l'Écriture l'a prophétisé, ils en viendront à porter la main sur le Fils de l'homme*, à lui faire subir toutes sortes d'outrages et à le condamner à une mort honteuse. L'Envoyé du Père qu'ils disaient vouloir pour Roi, ils l'élèveront sur le bois d'une croix hors de la Ville sainte, comme un maudit. » Consterné par ces paroles, l'un des Douze lui objecta : « Maître, il te suffira de le vouloir et tu repousseras tous tes ennemis comme l'autre jour tu as repoussé la tempête qui allait nous engloutir. » Mais Jésus lui répondit : « L'heure des ténèbres viendra, car il me faut glorifier le Père. Cette heure-là sera très douloureuse, mais elle le sera comme une naissance. La domination du prince de ce monde sur les hommes sera jetée bas. Le troisième jour, je me relèverai des morts et serai glorifié par mon Père d'une gloire éternelle. En ce Jour-là, on dira : "Le voici notre Dieu, celui en qui nous espérions pour être sauvés ; le voici le Seigneur en qui nous espérions : exultons et réjouissons-nous de son Salut !" [IS 25,9]. Vous-mêmes qui m'avez suivi, vous aurez part à ma gloire. Quand je serai monté auprès de mon Père, je vous enverrai un Consolateur parfait, l'Esprit Saint, qui épousera votre esprit et qui vous conseillera tout ce qu'il faut faire pour entrer dès cette vie dans la joie éternelle du Père et du Fils. Tu n'as donc aucune raison d'avoir peur, petit troupeau : tout ce que je fais est fait dans un but clair et exempt d'erreur. Pourtant, il y en a parmi vous qui craignent encore ! » Thomas lui dit : « Devrons-nous, nous aussi, te suivre dans la mort pour avoir part à ta gloire ? » Jésus lui répondit :

« Si vous ne voulez pas prendre sur vous la croix à ma suite et si voulez garder pour vous votre vie, vous resterez stériles sur la terre et vous n'aurez pas de part avec moi dans mon Royaume. Par contre, si vous prenez chaque jour votre croix à ma suite et si vous restez fidèles jusqu'au bout, vous aurez part à ma victoire sur la terre et, dans mon Royaume céleste, vous resplendirez comme des étoiles pour l'éternité [CF. DN 12,3]. »

Jésus console une mère éprouvée

44 En ces jours-là, comme ils passaient par la Décapole*, ils firent halte dans une cité du nom de Pella. Alors que Jésus se reposait à l'écart, une femme au visage entièrement voilé s'approcha de lui, se jeta à ses pieds en pleurant et lui dit : « Seigneur Messie*, j'avais un fils. Il y a longtemps, il est devenu possédé et s'est mis à vivre comme une bête au milieu des tombeaux. Rien ne pouvait le tenir tranquille ni le guérir. Or un jour que tu passais par là, ton regard est tombé sur lui et tu as expulsé ses nombreux démons. Mon fils désira alors te suivre, mais, à cause de ses proches et de moi sa mère, tu préféras le renvoyer dans sa maison pour qu'il annonce aux siens la bonne nouvelle de ta venue [CF. MC 5,1-20]. T'en souviens-tu, Seigneur ? » Jésus lui répondit : « Oui, femme, et je vois que ton fils a observé ma parole, puisque tu es là ayant foi en Moi. » La femme reprit : « Cet enfant fut long-

temps mon tourment. Tu me l'avais rendu guéri, mais lui pourtant, depuis des semaines, a choisi d'écouter la voix de tes ennemis. Autrefois, il était comme un démon sauvage et sans âme, mais aujourd'hui, il est devenu comme un démon sournois et intelligent. Désormais, ma peur est bien plus grande et mon tourment aussi, car il s'attaque à toi, t'accusant de servir Satan* et de faire beaucoup d'œuvres contraires à la Loi de Moïse. Toi qui as été son Sauveur, voilà qu'il te trahit ! N'est-il pas devenu un démon pire qu'autrefois et, moi-même, ne suis-je pas maudite de l'avoir enfanté ? Dis-moi, Seigneur, ce que je peux faire pour toi et pour mon malheureux fils. Je voudrais réparer sa faute, mais comment puis-je aider au salut de celui qui a tellement renié Dieu et jusqu'à son propre bon sens ? » Jésus posa la main sur l'épaule de la femme et lui dit : « Relève-toi, femme, et, malgré ta souffrance, écoute dans la paix ce que j'ai à te dire. La ruine d'un fils peut en grande partie être réparée par sa mère, car c'est pour toute une vie que l'on est parent d'un enfant. Ta douleur n'est pas stérile, mais féconde, puisque tu l'offres sans cesse à Dieu pour ton fils. Ainsi, tu expies pour lui et tu empêches le diable de pouvoir se réinstaller dans une maison qu'il croyait sienne. Je te le dis : ton fils reviendra à Dieu ! » La femme lui demanda : « Quand donc, Seigneur ? » Jésus lui répondit : « Quand tes larmes se mêleront à mon Sang. » Elle lui dit alors : « Pour parler ainsi, devrais-tu connaître la mort, toi qui sauves les vies ? » Jésus lui répondit : « Tu l'as dit : je suis Celui qui sauve. Or, si tu scrutes les Écritures, tu verras que le salut se donne aux hommes par les paroles de vérité, par l'exercice de la miséricorde, mais aussi par l'offrande de tout soi-même. En vérité, je te le dis, je donnerai ma vie pour les hommes, donc aussi pour ton fils. C'est la volonté de mon Père du ciel qu'il en soit ainsi ; je le ferai pour glorifier son Nom* et pour l'amour de vous tous. Cependant, toute âme juste peut m'aider par sa prière et sa générosité, mettant ses pas dans les miens à ma suite. Toi, aide-moi en me donnant ta douleur de mère. Reste patiente et miséricordieuse envers ton fils. Un jour, en te voyant, il se rappellera Celui qui fut pour lui miséricorde et vie. Va maintenant en paix, et garde confiance jusqu'à la fin ! » Après avoir été bénie par Jésus, la femme se retira. Elle ne pleurait plus et, dans son cœur, elle rendait grâce à Dieu d'avoir enfin retrouvé l'espérance.

Jésus est la vraie manne céleste

CF. JN 6,32-63 ; 14,6

45 On était encore au printemps. Un jour, un auditeur de Jésus lui posa cette question : « Maître, nos pères ont erré durant quarante ans au désert. Selon toi, était-il nécessaire de rester si longtemps dans ces lieux hostiles avant d'entrer en terre de Canaan ? » Jésus lui répondit : « En se détournant de Dieu pour se complaire en elle-même, la génération d'alors a gravement péché et la purification du péché a

provoqué un allongement des temps et des délais. La génération présente vit également un exode, mais elle ne veut pas le comprendre. Elle s'épuise dans le désert du péché, de l'incrédulité et du murmure. Si cette génération voulait bien écouter la voix de celui que Moïse lui-même a annoncé [CF. DT 18,15,18], elle trouverait le chemin sûr et court pour sortir du désert. Je suis ce Chemin de vie. Celui qui m'écoute entrera sans retard dans la vraie Terre Promise. Celui qui croit en moi, mon Père lui donnera une manne* qui subsistera en lui pour la vie éternelle. Je suis moi-même la Manne descendue du ciel dans le désert du monde pécheur. Voici que bientôt ma chair deviendra pour vous une manne pour la vie éternelle. Avant de vous asseoir à ma table, il vous faudra cependant laver votre vêtement sali dans le désert et croire de tout votre cœur en la parole que je vous ai dite de la part de mon Père du ciel. Celui qui refuse de faire pénitence et de croire en la parole du Fils de l'homme tourne le dos au bon chemin menant à la vie. Celui-là, comme beaucoup de vos pères autrefois, mourra dans le désert sans jamais en sortir. » En entendant ces paroles sur la manne véritable, les disciples se demandaient comment les interpréter. Voulait-il un jour se donner lui-même en nourriture comme un agneau pascal ? Cette idée leur semblait une pure folie indigne de leur Maître et indigne de Dieu. Malgré leur grande perplexité, aucun d'eux pourtant n'osa l'interroger.

Parabole de la vigne stérile

46 Jésus et les Douze parcouraient la Galilée occidentale, et de grandes foules se rassemblaient près des cités où ils devaient passer. Beaucoup, en effet, espéraient le voir, se disant en eux-mêmes : « Ce Jésus est certainement le Messie*, puisque ses paroles et ses œuvres sont tout à fait dignes de ce que nous annonçaient autrefois les prophètes et que nous commentent aujourd'hui nos rabbis*. »

Jésus les enseignait aussi avec des paraboles*. Ce jour-là, debout sur une colline, il leur parla ainsi : « Je vous donne ma paix : qu'elle prépare vos esprits et chasse toute crainte de vos cœurs ! Que la Sagesse d'en haut fasse de vous un peuple bien disposé ! Écoutez donc cette parabole, enfants d'Israël :

Voici qu'un homme, maître d'un grand domaine, planta un cep de vigne excellent dans une bonne terre. La première année, cette vigne produisit beaucoup de feuilles, mais peu de raisins. Comme le vent de l'hiver l'avait durement éprouvée, l'année suivante l'homme la tailla abondamment et l'appuya sur un arbrisseau d'orme. Cette fois, la vigne produisit peu de sarments et encore moins de raisins. Il se dit alors : “C'est parce que je l'ai trop taillée.” La troisième année, il décida de la laisser croître sans rien lui ôter, sinon ce qui était mort. Or, cette année-là, la vigne ne produisit aucune grappe, mais seulement des feuilles couvertes de taches. Il se dit alors : “La vigne que j’aimais tant, l’objet de tous mes soins, est en train de mourir. Elle n’a plus suffisamment de sève pour produire du fruit. Vais-je encore la garder sur ma terre qui est pourtant une bonne terre, ou bien vais-je l’arracher et la brûler ?” Comme il se faisait ces réflexions, voici qu’un étranger vint à passer par là. Voyant la tristesse du maître du domaine, il lui en demanda la raison. Celui-ci lui répondit : “Voici ma vigne bien-aimée, objet de tous mes soins et de toutes mes espérances. Durant plusieurs années, je l’ai taillée, étayée, arrosée, fortifiée d’engrais, et pourtant, comme tu le vois, elle se meurt !” Alors l’étranger examina la terre et vit qu’elle était bonne. Puis, levant les yeux, il considéra l’orme qui soutenait le cep et déclara au maître du domaine : “Enlève ce tronc : c’est lui qui stérilise la vigne.” Le maître répondit : “Mais cela fait déjà deux années que ma vigne surmonte les hivers sans dommage grâce à ce soutien.” L’autre répliqua : “Tu as tout essayé, sauf cela que je te conseille. Offre donc encore une chance à ta vigne et fais ce que je te dis. Tu avais planté l’orme en surface, mais, grâce à ta bonne terre, il a poussé profondément ses racines et maintenant il est devenu trop fort. Il s’est mélangé aux racines de ta vigne et les a peu à peu étouffées. Coupe dès aujourd’hui cet arbre devenu nuisible. Creuse aussi le sol tout autour pour mettre ses racines à nu et ôte-les une par une. Ce n’est qu’à ce prix que ta vigne se relèvera de la mort.” Le maître du domaine répondit : “Oui, je ferai comme tu le dis, mais je ne pourrai pas atteindre les nombreuses petites racines de l'orme, celles qui sont les plus profondes." L'étranger lui répondit : "N'aie crainte : celles-là pourriront dans le sol et, au lieu de donner la mort, elles donneront la vie. Car maintenant, l'heure est venue où tout ce qui est mauvais doit être ôté ou transformé, et tout ce qui est bon doit aller à l'arbre bon." Le maître interrogea encore : "Quel tuteur vais-je donc planter à la place de l'orme ?" L'étranger saisit alors un pieu de fer et y grava le mot "Foi", puis il le donna au maître du domaine en lui disant : "Voici le tuteur qu'il te faut." Comme l'étranger allait repartir, le maître le supplia de lui révéler son nom. Celui-ci lui déclara : "Je suis la Sagesse venue d'auprès de Dieu. Qui écoute ma voix sauvera sa vie et produira du fruit en abondance." Le maître du domaine eut foi en la parole de son visiteur et exécuta point par point tout ce qu'il lui avait dit. Dès l'année suivante, la vigne devint un plant robuste et sain. Quand ce fut la saison, elle se mit à produire de très nombreuses grappes d'un raisin succulent. Il y en eut tant que le maître du domaine put en offrir à tous ses voisins, et ce fut une grande joie dans tout le pays. »

Comme Jésus venait de s'arrêter de parler depuis un moment, l'un de ses disciples l'interrogea : « Seigneur, peux-tu nous expliquer le sens de cette parabole ? » Jésus lui répliqua : « Et toi, qu'en penses-tu ? » Le disciple lui dit : « Je suppose que la vigne symbolise le peuple d'Israël, et le maître du domaine la Loi qui le gouverne. L'étranger plein de la sagesse divine, c'est certainement toi, notre Messie. Mais je ne vois pas ce que peut représenter le tuteur parasite. » Alors Jésus lui répondit : « Votre Père du ciel vous avait plantés dans un endroit favorable. Il vous avait donné des maîtres pour que vous puissiez vous appuyer sur eux, mieux comprendre sa Loi et mieux lui faire produire en vous toutes sortes de bonnes choses. Mais à force de parler au nom de Dieu, vos maîtres ont pris la place du divin Législateur. Alors, une grande partie de la vigne d'Israël est devenue stérile. C'est ainsi que la vivante et simple Parole d'en haut a progressivement été étouffée par la multitude des commentaires humains, qui l'ont compliquée et annulée. Mais voici qu'en ces jours votre Père céleste envoie auprès de vous son propre Fils pour vous redire sa Parole toute simple, celle qui peut réellement sauver ce qui est perdu, petit et méprisé du monde. Si vous-mêmes vous gardez cette Parole avec foi, vous produirez le fruit céleste que le Père attend de vous. Sinon, vous resterez dans la stérilité des paroles qui étouffent et, au lieu d'aller vers la vie qui est simple comme la lumière, vous irez vers les ténèbres de mort. Ô mon Peuple, toi que j'aime comme l'aîné d'une multitude, puisses-tu enfin reconnaître le temps de ta visite et répondre à mon appel ! »

Parabole du maître pêcheur

47 Près du port de Ptolémaïs, en direction du Mont Carmel, Jésus proposa cette parabole* à ses disciples : « Voici qu'un maître pêcheur partit en mer de bon matin pour pêcher. La veille, il avait envoyé ses aides en plusieurs endroits connus de lui pour y jeter de bons appâts. Quand ce maître pêcheur remonta ses filets, il en retira une grande quantité de poissons qu'il tria avec soin. Il conserva les gros et remit les petits à l'eau. Il ne les rejeta pas n'importe où, mais veilla à les mettre en un lieu où l'eau était plus claire et où les poissons carnassiers ne venaient pas. Le maître pêcheur avisé non seulement connaît l'art du temps, de la navigation et de la pêche, mais il sait juger de la qualité des fonds marins et des eaux. Il jette ses filets au bon moment et au bon endroit. Il travaille en silence, sans brusquerie ni impatience. Il connaît ses poissons. Il les respecte et il les aime. Il pêche les plus gros pour faire œuvre de vie et remet à l'eau les plus jeunes également pour faire œuvre de vie. C'est ainsi que vous aussi vous aurez à pêcher désormais. Je vous envoie sur la mer du monde dans la barque de Pierre. Si vos filets sont tissés du même amour que celui que le Père et moi avons pour vous, les poissons de toutes espèces viendront d'eux-mêmes à vous. Votre amour mutuel sera votre appât. Vous ne pêcherez pas pour vous, vous pêcherez en mon nom. Vous baptiserez ceux qui voudront croire et vous laisserez les autres jusqu'à ce que l'heure de

leur “Amen” arrive pour eux aussi. Vous aurez à connaître des tempêtes sur la mer, mais n’ayez crainte : je suis toujours avec vous et ma barque subsistera jusqu’à la fin du monde. Occupez-vous avec soin de mes poissons qui m’attendent, et moi je m’occuperai avec soin de vous, car je suis le bon maître pêcheur. Là où je conduirai votre barque, vous trouverez la nourriture pour vos âmes. Bientôt, je vous donnerai moi-même un poisson* à manger et ce poisson sera votre salut. »

La foule et les Pharisiens de Capharnaüm

48 Quelques jours avant le début de l’été, Jésus et ses disciples revinrent près du lac de Galilée. Aux alentours de Capharnaüm, tous les vallons et les coteaux s’étaient couverts de campements. Dans tous les recoins, dans tous les champs en friche, on voyait paître des chameaux et des ânes. Même de l’autre côté du lac, les vallées et les hauteurs s’étaient couvertes de tentes. Il arrivait des gens de partout : des juifs et des païens, des malades et des bien-portants, des gens originaires de Galilée et de Judée, mais aussi de Syrie, d’Arabie, de Phénicie, de Chypre... Tous étaient là pour tâcher de voir Jésus, pour entendre une parole de sa bouche et, si possible, pour obtenir un secours par son intercession. Quand enfin il était aperçu quelque part, les gens se donnaient le mot et bientôt une foule

bruyante se pressait à sa suite. On l'interpellait de tous les côtés avec des cris : « Grand prophète, donne-moi ta bénédiction ! Fils de David, daigne guérir mon enfant ! Maître, dis-nous ce que nous devons faire pour plaire à Dieu ! » On appelait aussi ses apôtres et ses disciples, et on les implorait en ces termes : « Vous qui êtes disciples du Prophète de Nazareth, secourez-nous ! Vous qui faites partie de ses intimes, conduisez-nous à lui ! » Dans la région, le tumulte devenait parfois si grand que Jésus devait se cacher et prendre des chemins détournés pour se rendre d'un lieu à un autre.

On était un jour de sabbat*. Depuis la veille, Jésus s'était retiré discrètement dans la maison de Simon Pierre, qui était un peu en avant de la ville. Là, il enseignait et guérissait les malades que les Douze lui présentaient. Trois Pharisiens* réussirent à pénétrer dans la cour de la maison. Arrivés près de Jésus, l'un d'eux lui fit cette observation : « Maître, tu le sais, il y a six jours pour travailler et un septième jour pour se reposer et rendre gloire à Dieu. Toi, en guérissant tous ces gens, tu travailles même le septième jour. En agissant ainsi, tu troubles la paix du sabbat. Puisque tu connais la Loi divine, pourquoi y contreviens-tu d'une façon tellement flagrante ? » Jésus lui répondit : « Arriverai-je jamais à vous guérir de votre endurcissement de cœur ? Ces gens que vous avez vus gravement malades, selon vous, que demandaient-ils à Dieu le jour du sabbat ? » Le Pharisien qui l'avait interrogé le premier répondit : « Je suppose qu'ils lui demandaient leur guérison. » Jésus lui dit : « Tu as bien répondu. Eh bien ! si ces gens demandaient une telle grâce le jour du sabbat, comment la Loi pourrait-elle interdire à Dieu de les exaucer précisément le jour qui lui est consacré ? Comment Dieu lui-même pourrait-il ce jour-là refuser une guérison si celle-ci doit permettre à un fils d'Abraham de mieux sanctifier le jour saint ? Ne sais-tu pas toi-même que l'interdiction du travail manuel durant le sabbat n'a été donnée aux Juifs que pour les inciter davantage à se livrer au travail spirituel ? » Le Pharisien ne s'avoua pas vaincu et répliqua : « Je comprends ton langage, mais en guérissant au nom de Dieu durant le jour qui lui est consacré, tu te mets toi-même au premier rang et tu jettes une ombre humaine sur le Nom* du Très-Saint. Or, ce jour-là, Lui seul mérite d'être mentionné et célébré. » Jésus lui répondit : « Si Dieu remplit ma main de ses dons même pendant le sabbat, c'est qu'Il m'envoie vers vous pour vous sauver à tout moment, tous les jours, jusqu'à l'heure de mon départ de ce monde. Après quoi, vous me chercherez encore pour continuer à recevoir des consolations, mais vous qui refusez de croire, vous ne pourrez plus me saisir. Vous découvrirez alors dans quelles ténèbres vous vivez. Croyez donc maintenant en la Lumière tant qu'elle brille devant vous ! » Un autre Pharisien lui dit alors : « De simples guérisons corporelles ne peuvent pas suffire à nous faire croire que tu es l'Envoyé de Dieu promis par les Écritures. Pour que nous puissions le croire, il faudrait que tu produises des signes* que les guérisseurs et les magiciens démoniaques sont incapables de produire. Moïse a partagé la mer en deux et a fait jaillir l'eau du rocher, mais toi, que peux-tu nous montrer pour nous faire croire en l'origine divine de ta mission ? » Jésus le considéra tristement en silence, puis lui dit : « La lampe intérieure qui brille en l'homme, c'est l'Esprit du Seigneur. Si l'Esprit ne vient pas en vous pour vous éclairer, même si je ressuscitais tous vos morts, vous ne croiriez pas. Nul ne vient à moi si mon Père céleste ne lui en fait la grâce. Le signe qu'Il m'envoie vers vous, ce sont toutes les œuvres de miséricorde que j'accomplis en son Nom au milieu de vous. Vous êtes des fils uniques pleins de vous-mêmes et vous vous comportez en enfants gâtés. Un jour viendra où vous vous retrouverez tout seuls. Votre héritage passera alors à d'autres que vous, plus humbles et plus généreux. Vous réclamez des signes pour ne pas avoir à vous convertir. Vous vous faites les ardents défenseurs du repos sabbatique non pour être agréables à Dieu, mais pour vous poser devant le peuple comme des modèles. Vous extorquez l'argent des pauvres sous prétexte de sacrifices à faire au Temple, et vous savez pourtant que c'est un cœur qui se repent qui est le sacrifice le plus agréable à Dieu. Vous vous scandalisez pour des fétus de paille dans l'œil des petits, mais vous ne voulez pas voir la poutre qui se trouve dans votre propre œil et qui vous aveugle complètement. Cessez donc d'être hypocrites et recherchez ce qui édifie dans la justice et la vérité. Comprenez donc une bonne fois que Dieu a fait le sabbat pour l'homme et non l'homme pour le sabbat. » Ne sachant plus que lui répondre, les Pharisiens préférèrent se retirer. Ils étaient fort mécontents, car ils avaient remarqué combien les auditeurs présents se réjouissaient des réponses de Jésus et ils en avaient même entendu certains s'exclamer : « C'est certainement lui le Messie, car nul en Israël n'a jamais parlé comme cet homme ! »

Le signe de l'incendie éteint

49 Ce soir-là, après une journée de forte chaleur, un incendie se déclara sur une colline de Galilée couverte de pins et de bruyère. Proche du sommet, en amont du versant enflammé, se dressait un village d'environ cent personnes. Quand les habitants réalisèrent le danger qui les menaçait, ils organisèrent aussitôt leur défense. Tous les hommes valides vinrent se placer sur deux lignes le long du front des flammes et, avec des balais de branchages, ils les frappaient pour tenter de les étouffer. Après deux heures d'effort, ils comprirent que l'incendie allait malgré tout atteindre leurs maisons et les détruire, car le vent leur était contraire. Or, au même moment, Jésus et ses disciples passaient tout près de là. De la route en contrebas, ils aperçurent le versant embrasé et réalisèrent la grande menace qui pesait sur le village. Les flammes couraient partout sur la bruyère et elles allaient attaquer un bois de résineux. Voyant cela, l'un des disciples s'exclama : « Si le feu prend aux arbres,

ces malheureux ne pourront pas échapper au désastre ! » Alors tous se tournèrent vers Jésus, mais lui restait silencieux, les bras croisés et les yeux fixés sur les flammes.

Après un moment, il décroisa les bras, leva la main vers l'incendie comme s'il voulait l'apaiser et dit d'une voix ferme et tranquille : « Maintenant, cela suffit : éteins-toi ! Je le veux. » Aussitôt, comme si un immense boisseau s'abaissait sur la colline, les flammes diminuèrent d'intensité et devinrent de simples flammèches rouges, puis violettes. Il y eut encore quelques éclairs parmi les cendres, puis plus rien, sinon la lueur de la lune sur l'étendue calcinée. Jésus se tourna alors vers les disciples et leur dit : « À présent, allons vers ces gens. »

Peu après, l'un des villageois accourut à leur rencontre et dit à Jésus : « Seigneur, je te reconnais : tu es le Rabbi* de Nazareth qui parle les vraies paroles de Dieu. Toi seul as pu nous sauver cette nuit. » Jésus lui demanda : « Pourquoi crois-tu que j'ai pu faire cela ? » L'homme répondit : « Parce qu'il n'y a que le Messie* de Dieu qui puisse venir ainsi nous surprendre à l'heure la plus tragique et sauver ce qui semblait déjà perdu. » Jésus lui dit alors : « Ami, tu as bien parlé. Soyez maintenant tous dans la paix, car le Fils de l'homme* est effectivement intervenu en votre faveur. Remerciez donc le Père du ciel de m'avoir envoyé jusqu'à vous pour que j'éteigne votre mauvais feu et que j'allume en vous le bon feu. »

Quand les villageois furent tous rassemblés autour de Jésus, celui-ci se mit à les instruire et leur dit : « Tout à l'heure, lorsque tout brûlait devant vous, à juste raison vous craigniez pour vos maisons et pour vos vies. Vous avez lutté contre les flammes avec une volonté forte sans tenir compte de la chaleur qui vous mordait le visage ni des brûlures qui vous blessaient les mains et le corps. Puissiez-vous donc désormais montrer autant de volonté forte pour lutter contre un autre feu qui vous menace plus gravement encore : le feu des péchés ! Ce feu-là, vous ne l'éteindrez pas vous-mêmes, et il vous faut certainement le craindre, car il peut consumer pour toujours la vie de vos âmes. Pour éviter de l'allumer, agissez toujours avec prudence, gardant vos yeux fixés sur l'Envoyé du Père. À votre avis, qu'est-ce qui a mis le feu à votre belle bruyère ? » L'un des villageois répondit : « C'est sans doute une étincelle qui se sera échappée de l'un de nos foyers. » Un autre ajouta : « Moi, je soupçonne l'un de nos enfants d'avoir recommencé le jeu dangereux de l'autre jour. Cela consistait, dès la nuit tombée, à tirer en l'air avec de petits arcs des brindilles enflammées pour savoir qui tirerait le plus haut. » Jésus reprit : « Vous le reconnaissez vous-mêmes : une seule étincelle, une seule brindille mal éteinte peut engendrer un incendie immense et destructeur. Eh bien, sachez-le, il en est de même pour les choses de l'esprit. Si vous ne demeurez pas toujours vigilants, une seule étincelle du mal tombant dans votre cœur peut y allumer à votre insu un début de feu. Si le vent du monde se met alors à souffler comme il convient à un complice du péché, le feu caché s'étendra en vous et deviendra un immense incendie de haine, consumant tout devant lui. Une fois que le mauvais feu aura brûlé en vous tout le bien, il ne vous restera plus rien en propre, sinon des ronces qui serviront de litière aux démons. Comprenez donc l'importance de la vigilance pour Dieu, que l'Écriture appelle "la crainte de Dieu, début de la sagesse" [PS 111,10 ; PR 9,10]. Détournez-vous du feu du mal et déployez tous vos efforts pour accueillir et garder en vous le saint feu de Dieu qui est l'amour parfait. Là où le feu de l'amour saint demeure, le feu de la haine ne peut nuire et ne peut rester. Le feu d'en haut, qui est l'Esprit Saint, triomphe de tout autre feu. En vérité, je vous le dis : celui qui s'approche de moi s'approche du feu qui sauve, mais celui qui reste loin de moi reste loin du Royaume [in *ÉVANGILE DE THOMAS*, § 86] ! »

Moment de lassitude et de trouble

50 En ces jours-là, Jésus devait souvent faire face aux attaques des scribes*, des Sadducéens* et des Pharisiens* qui cherchaient, chez lui et ses disciples, des motifs d'accusation. Après une vive controverse à Naïn, ils se retirèrent dans une maison de berger à En-Dor, au sud du Thabor. Ce soir-là, ils partagèrent leur repas en silence : un peu de pain noir que chacun trempait dans l'unique seau de lait placé au milieu d'eux.

Comme Jésus gardait le silence, André lui demanda : « Qu'as-tu, Maître ? Tu sembles triste et fatigué. » Jésus lui répondit : « Tu l'as dit, je le suis. » Pierre prit alors la parole et dit : « Pour quelle raison ? Les scribes d'aujourd'hui n'ont pas été pires que ceux d'hier. Maintenant, nous en avons même pris l'habitude. Ils sifflent toujours la même chanson comme des serpents qui veulent imiter la colombe, mais qui restent des serpents. Tu le vois, nous autres, nous n'en faisons plus cas. » Après un instant de silence, Jésus reprit : « Cette sorte de serpents ne peut pas s'apprivoiser. Si vous ne voulez pas être pris au piège et mordus par eux, ne relâchez pas votre vigilance. Ne vous habituez jamais à la voix du Mauvais ni hors de vous, ni en vous. » Judas lui posa alors cette question : « Peut-être t'a-t-on insinué sur nous quelque soupçon, quelque calomnie, alors que nous t'aimons tant ? » Jésus lui répondit : « Ce ne sont pas les insinuations qui me troublent, Judas, ce sont les réalités, celles que je lis dans vos cœurs et sur vos fronts. Il y en a plusieurs, parmi ceux qui me suivent, qui seront détrônés. » Tous s'cxclamèrent et dirent : « Détrônés ? Mais pourquoi ? Que veux-tu dire ? » Avec tristesse, il leur répondit : « Vous êtes tous des poussières tirées du sol, mais le Roi du ciel a insufflé en chacun de vous une haleine de vie [CF. GN 2,7]. C'est elle qui fait de tout homme un fils du Roi dont le trône est au Ciel. Mais quand un homme prostitue son haleine de vie, il tue en lui le don de Dieu. Il devient alors comme un animal sauvage et pire encore, car Satan* vient établir en lui sa demeure. C'est ainsi que, même parmi ceux qui me suivent, des fronts promis à la Lumière perdront leur couronne royale. Le monde est rempli de fronts découronnés qui, au lieu de tendre vers le Ciel, penchent vers l'abîme, alourdis par les liens de leur esclavage. Je suis venu libérer le monde, mais le monde préfère ses ténèbres à la Lumière. Vous avez vu ces scribes têtus, fermés à toute influence, à tout conseil de l'Amour ? En vérité, même parmi vous, il y en a qui doutent et qui leur ressemblent. Faites donc bien attention à vous, car je vous le dis : ce sont des aveugles qui guident des aveugles. S'ils continuent ainsi, ils ne pourront que tomber dans la fosse, et vous avec eux si vous les suivez... Maintenant, allez vous reposer. Moi, je vais sortir pour prier. »

Ils se préparèrent des paillasses et s'y allongèrent, enveloppés dans leurs manteaux. Mais beaucoup d'entre eux ne purent trouver le sommeil, car ils se demandaient : « Serai-je un jour découronné ? Si lui l'a dit, c'est qu'il en sera ainsi au moins pour l'un d'entre nous. Plaise à Dieu que ce ne soit pas moi ! » Et leur cœur était troublé.

51 Alors que les Douze avaient suivi Jésus à Mérôm, au nord du lac de Galilée, Nathanaël fils de Tolmaï s'approcha du Seigneur et lui dit : « Rabbi Hillel* fut un grand sage et sa bonté demeure encore présente dans nos mémoires. S'il avait vécu durant tes jours, il t'aurait certainement reconnu et confessé devant ceux du Temple. » Jésus lui répondit : « Ne sois pas en souci pour cela. Bénis plutôt le Très-Haut de l'avoir pris dans sa paix. Ainsi, l'esprit de ce juste a échappé au triste spectacle de la haine déchaînée contre moi. » Nathanaël se récria : « Seigneur, il n'y a pas que la haine de tes ennemis, il y a aussi l'amour de tous ceux qui te suivent, et ils sont nombreux dans le peuple. » Jésus lui répondit : « En vérité, Israël me donne davantage de haine que d'amour, et il en sera ainsi jusqu'à la fin. Ce n'est que dans les derniers temps que “le reste de mes brebis” [JR 23,3] deviendra un peuple. Alors, de l'orient à l'occident, le nom du Fils unique qui est dans le Père sera invoqué et loué par la postérité de Jacob. » Nathanaël lui dit encore : « Ne t'attriste pas, Maître. Si cette haine devient meurtrière, nous prendrons des armes et nous te défendrons. La mort ne saurait toucher l'Oint du Seigneur ! » Jésus lui répondit : « Ami, ce n'est pas la mort qui m'attriste, c'est de voir les péchés des hommes. Plutôt que de vouloir renaître à la vie éternelle, beaucoup préfèrent demeurer dans leurs ténèbres et écouter la voix du Mauvais.

Comment veux-tu que mon âme n'en soit pas attristée, alors qu'"il n'y a pas de Sauveur hors de moi" [IS 43,11] et que je ne cesse de leur manifester les œuvres de Dieu ? » Nathanaël lui répondit : « Maître, tu es "le Saint d'Israël" [IS 54,5] et la puissance du Très-Haut est toujours avec toi. Même les grands prêtres* ont peur des signes* que tu fais devant le peuple. Ils n'oseront jamais te haïr au point de porter la main sur toi pour te faire mourir. » Jésus lui déclara : « Amen, amen, je te le dis, quand l'heure du Père sera venue, toutes les forces de l'enfer se déchaîneront contre le Fils de l'homme*. Alors vous serez tous scandalisés à cause de moi, car vous verrez l'Agneau marcher seul à l'abattoir, ainsi que les Écritures l'ont prophétisé [CF. IS 53,7 ET 3]. Pourtant, relevez la tête, car elle sera venue l'heure de votre rédemption. Mon sang et mon pardon pèseront plus lourd que votre haine et vos péchés. Mais, à mon sacrifice, répondrez-vous *Amen* ou *Lôh* ["CERTES, OUI" OU "NON" EN LANGUE SÉMITIQUE] ? » Nathanaël répondit vivement : « Seigneur, j'ignore si je pourrai le faire à l'heure que tu dis. Alors mon Amen, je te le dis dès aujourd'hui de tout mon cœur, de toute mon âme et de toutes mes forces. » Jésus ne lui dit plus rien, mais il lui sourit et le serra sur son cœur.

52 Ce jour-là, Jésus se rendit à la synagogue de Capharnaüm et fut invité par Rabbi Simon Ben-Shétah à prêcher sur ce qu'enseigne la Tradition des Anciens au sujet des dommages causés au prochain et des réparations qui lui sont dues. Quand vint son tour de parler du haut de la chaire, Jésus les regarda tous, puis dit d'une voix forte : « Vous connaissez certainement cet oracle de Jérémie qui déclare à Sédécias, roi de Juda : “Ainsi parle le Seigneur : Pratiquez le droit et la justice ; délivrez l'opprimé des mains de l'oppresseur ; ne maltraitez pas l'étranger, l'orphelin et la veuve ; n'usez pas de violence et ne répandez pas ici de sang innocent” [JR 22,3]. Voilà ce qu'il vous faudrait pratiquer pour éviter d'avoir à réparer des dommages. Car s'il est bon de vouloir réparer les torts causés au prochain, il est encore meilleur de les lui éviter. En vérité, votre prochain doit être pour vous comme votre propre frère et votre propre chair. Si vous possédez un cœur bon comme celui de Jacob et que Laban vienne vous demander compte de dommages que vous n'avez pas causés, vous pourrez lui répondre en face : “Toutes tes bêtes déchirées par les bêtes sauvages, je ne les ai pas rapportées en justification, je les ai payées moi-même ; celles que les voleurs volaient pendant le jour et celles que les bêtes sauvages tuaient pendant la nuit, je les ai payées moi-même” [TARG. NEOF. DE GN 31,39]. De cette façon exemplaire, Jacob réparait pour des torts

qu'il n'avait pas commis. Si donc vous-mêmes vous souhaitez plaire davantage à votre Père du ciel, faites de même. Ainsi votre justice surpassera-t-elle celle des scribes* et des païens. » Un Pharisien* prit alors la parole au nom de Rabbi Ben-Shétah et lui dit avec reproche : « Tu ne commentes pas la Parole à la lumière de nos Anciens, mais à ta propre lumière. Ce faisant, tu fais injure au Rabbi ici présent, car tu te poses toi-même en maître devant un maître. Une telle attitude est passible du plus grand châtiment [CF. TALM., *ERUBIN* 63A]. Le sais-tu ? » Jésus lui répondit : « Bien des maîtres en Israël se posent en hommes pieux, mais leur cœur est incirconcis. Ils prétendent enseigner la vérité, mais ils sont fils du mensonge. Ils scrutent les rouleaux de l'Écriture pour savoir ce qui est juste et péché, mais leur vie tortueuse démontre devant tous qu'ils ne savent pas encore distinguer leur droite de leur gauche. Ils jugent sur l'apparence et se concentrent sur des détails, mais l'essentiel, qui se voit avec la divine Sagesse, leur demeure inconnu. Leur jugement est donc faussé à la racine. Vous-mêmes, vous participez du même esprit faux, puisque ici vous ne distinguez pas qui est sage et qui est ignorant, qui est le maître et qui est le disciple. Vous ne cessez de vous réclamer de Moïse, or, par vos enseignements, vous annulez sa grandeur et vous détruisez sa parole prophétique. Si vous saviez lire la Thora* avec l'Esprit de sainteté, vous respecteriez Moïse et vous pourriez entendre ce qu'il a dit de Moi. Votre sagesse de la terre porte des vêtements de grand prêtre*, mais elle ne vous sert de rien pour le Royaume du ciel. En vérité, je vous le dis, tout homme qui est un vrai maître en Israël écoute ma voix et il se réjouit de marcher à ma lumière, car mon chemin est droit, simple et sûr. Celui qui a des oreilles pour entendre, qu'il entende ! »

Aussitôt après avoir entendu ces paroles qu'ils jugèrent révoltantes et hérétiques, Rabbi Ben-Shétah et les Pharisiens présents se levèrent et se rassemblèrent dans une salle annexe. Ils se mirent alors à discuter entre eux sur le cas du prétendu Rabbi de Nazareth. Ils furent tous d'accord qu'il convenait d'enquêter davantage sur sa personne, son lignage et sa doctrine. [CF. *TOLEDOTH YESHUH*, MS DE VIENNE.]

L'office du sabbat perturbé à Capharnaüm

53 C'était à Capharnaüm, le jour du sabbat*. À l'invitation de Jaïre, chef de la synagogue, Jésus accepta de parler au peuple durant l'office de l'après-midi. Sur la chaire, on lui remit le livre du prophète Isaïe. L'ayant déroulé, il lut ce passage : « Recherchez le Seigneur tant qu'Il se laisse trouver. Invoquez-le quand Il est proche. Que le méchant abandonne sa voie et l'homme mauvais ses pensées. Qu'il revienne vers le Seigneur, qui aura pitié de lui ; vers notre Dieu, car Il est riche en pardon [IS 55,6-7]. » Après la lecture, Jésus roula le livre, le rendit au servant, puis il s'assit et dit : « Si le Fils de l'homme* vous a été

envoyé en ces jours-ci, c'est que Dieu s'est approché de vous et qu'Il peut désormais être facilement trouvé par quiconque le recherche d'un cœur pur et généreux. Que le pécheur ne dise plus : "Mon péché est constamment devant moi" [PS 51,5], car le Fils de l'homme est venu consoler son peuple en pardonnant aux pécheurs qui se repentent et en "donnant la grâce aux humbles" [PR 3,34]. En vérité, pour tout fils d'Abraham, voici venu le temps du pardon et du salut. Que nul donc ne s'éloigne volontairement des "pluies de bénédiction" [EZ 34,26], car toute terre d'homme qui, maintenant, refusera d'être vivifiée d'eau et d'Esprit Saint, deviendra désert et ténèbre. » Soudain, un Pharisien* âgé du nom d'Élie l'interrompit et lui dit avec colère : « Parle d'abord pour toi, charpentier de Nazareth, car pour nous tu es désert. Tu usurpes l'autorité de nos maîtres et même celle de nos plus grands prophètes. » Avant que Jésus ait pu répondre, Jaïre le devança et dit avec fermeté : « Eh bien, à nous il plaît d'aller au désert si c'est pour y rencontrer Dieu. Nous écoutons cet homme parce que, de nous tous, c'est le plus vertueux. De plus, tu connais suffisamment les Écritures pour savoir que Dieu ne bénirait jamais un homme de mensonge en exauçant ses prières en faveur de nos malades et de nos morts. Je te prie donc d'en rester là. » Mais le Pharisien reprit : « Est-il donc si vertueux celui qui va acheter auprès de Rome sa protection ? » Le vieil homme avait parlé tellement fort qu'il fut entendu du centurion posté avec quelques soldats à l'extérieur, près des portes restées ouvertes. Comme beaucoup de ses semblables dans cette région, le centurion comprenait le grec et l'araméen*. Sans oser entrer, il cria vers l'intérieur en araméen : « Qu'on se saisisse de cet homme et qu'on nous l'amène ici, car il vient d'insulter Rome qui n'intrigue avec personne ! Rome défend seulement le droit et l'ordre. Cet homme devra rendre compte de ses insinuations malveillantes à notre encontre. » Le Pharisien se mit à crier : « À l'aide, sacrilège ! Ces païens veulent poser leurs mains sur moi et me profaner ! » Jésus intervint alors en s'adressant au centurion qui se tenait toujours à la porte : « Pour le bon ordre dont tu parles, il serait bon que Rome respecte ce lieu de prière et les cheveux blancs de cet homme. » Le centurion répondit : « Comme tu le veux, Rabbi ! » Le Pharisien reprit aussitôt son offensive et dit à Jésus : « Par l'un de tes tout proches, je sais que tu fréquentes volontiers toutes sortes de gens impurs et pécheurs. Après quoi, tu ne crains pas de te laisser approcher par les justes sans les avertir de ton état d'impureté rituelle. Cette abomination juge tout le reste ! » La foule du peuple se mit alors à huer le Pharisien, ce qui obligea une fois de plus le centurion à intervenir. Il cria à l'adresse d'Élie : « Vieillard plein de fiel, le Rabbi ne t'attaque pas ; c'est toi qui l'attaqucs. Tout le monde ici en est témoin. Maintenant, si tu dis encore un mot, le glaive de Rome sera sur toi et le proconsul aura mon rapport. » Le Pharisien prit la menace au sérieux et se tut enfin. Reprenant la parole, Jésus dit alors : « Ce qui dégoûte Dieu, c'est le péché et non le pécheur, surtout s'il se repent. La pureté rituelle est ordonnée à la pureté du cœur. Travaillez donc à vous rendre bons à l'intérieur et le reste suivra. Ainsi, vous deviendrez les dignes fils du Très-Bon. Cherchez à l'imiter, car Lui est miséricordieux avec les purs comme avec les impurs. Profitez du temps de grâce qui vous est donné et faites bon accueil à sa Parole vivante descendue du Ciel. Aujourd'hui, devant vous, elle se donne à voir et à toucher pour que vous soyez guéris de toutes vos impuretés et que vous deveniez saints comme le Père céleste est saint. »

Rencontre avec Rabbi Gamaliel l'Ancien

54 Ce jour-là, comme Jésus et ses disciples marchaient en direction de Capharnaüm, quelqu'un vint les avertir qu'un peu plus loin sur la route avait fait halte la caravane de Rabbi Gamaliel*, membre éminent du Temple. Dans tout Israël, ce grand docteur de la Loi était réputé pour sa sagesse, sa vie droite et son caractère où se mêlaient harmonieusement la noblesse et la modestie. Lorsque Jésus et les siens furent arrivés à sa hauteur, ils virent la riche tente du maître pharisien dressée dans un champ et aussi un agneau entier que des serviteurs faisaient rôtir à la broche. L'un d'eux vint prévenir son maître de l'arrivée du Rabbi de Nazareth, celui qu'en Galilée beaucoup considéraient comme le Messie*. Aussitôt, Gamaliel fit dire à Jésus qu'il serait très honoré de le recevoir sous sa tente, lui

et les siens, ne serait-ce qu'un moment. Après les salutations d'usage, Gamaliel dit à Jésus : « L'agneau est prêt. Accepte donc mon hospitalité le temps d'un repas. Ainsi, aujourd'hui, nous aurons mieux à faire que de distribuer nos restes aux chiens et aux oiseaux. » Après qu'ils se soient tous purifié les mains, Gamaliel fit asseoir Jésus à ses côtés, récita la bénédiction, puis lui dit d'un ton amical : « Jean le Baptiste ne bougeait pas du Jourdain. Toi tu ne cesses d'aller et venir dans le pays. Dans ces conditions, n'est-il pas difficile de te trouver et de profiter de tes enseignements ? » Jésus lui répondit : « Je viens pour tout le monde, mais surtout pour les pauvres et les petits du Seigneur. Ceux-là n'ont pas les moyens d'entreprendre de longs voyages. Ils m'attendent donc chez eux avec confiance et moi, je vais à leur rencontre. Ainsi je manifeste la miséricorde prévenante de Dieu et, par la même occasion, je déjoue les manœuvres perverses de ceux qui me haïssent. » Gamaliel lui dit alors : « Dis-tu cela pour moi ? Sache-le, moi je ne te hais pas. » Jésus lui répondit : « Je le sais, Rabbi, ton cœur est droit. Mais, puisqu'il l'est, il ne t'est pas difficile de reconnaître que ce que je dis est la vérité. » Gamaliel répondit avec embarras : « Je dois admettre quc tu as des ennemis déclarés au Temple et, parmi les membres de notre noble assemblée de docteurs, nous sommes beaucoup à penser que ta voie est parfois obscure, et même contradictoire avec la tradition des Anciens. En somme, nous te comprenons mal. » Jésus lui répondit : « Oui, pour son malheur, le vieil Israël me comprend mal, mais c'est en grande partie une volonté délibérée de sa part. » Gamaliel répliqua vivement : « Oh ! certes non ! Nous ne faisons que comparer tes dires avec ceux de nos Pères, et eux semblent tous d'accord contre toi. » Jésus lui répondit : « L'Écriture ne peut se contredire elle-même. Si l'on veut bien la lire selon l'esprit et non selon la chair, elle témoigne clairement de ma venue et de ma mission. Mais vous, au lieu d'écouter la parole de Dieu, vous préférez écouter la tradition de vos Anciens. Mes propres paroles, qui sont amour et vérité, vous les déformez et, ainsi, vous vous mettez en travers de la volonté de Dieu qui m'a envoyé pour vous les dire en premier. » Gamaliel s'étonna : « Nous, faire obstacle à Dieu ? Le Dieu que nous servons fidèlement au Temple est tout-puissant et Il se rit des embûches des hommes. Quand le Saint, béni soit-Il, a décidé quelque chose, Il le réalise toujours, quels que soient les efforts contraires des pécheurs ! » Jésus lui répondit : « Certes, le salut des hommes sera prêché partout et un grand nombre feront bon accueil à mon Royaume, malgré tous les malveillants et les malfaisants. Mais malheureux ceux-là qui nuiront à mon œuvre de salut en scandalisant ces petits qui sont les miens, faisant qu'ils s'écartent de mon chemin par toutes sortes de mensonges et de violences ! Ceux qui font cela blessent l'Esprit de Dieu et attirent sur leur tête des charbons ardents. » Gamaliel lui répondit : « Rabbi Jésus, j'éprouve une certaine admiration pour ta doctrine empreinte de piété et de miséricorde, mais il s'y mêle de petites pierres que mon esprit et mon cœur ne peuvent assimiler. » Jésus lui répondit :

« Rabbi Gamaliel, ce que tu appelles des petites pierres, ce sont d'encombrantes ruines venues des Anciens et qui recouvrent ta bonne terre. Qu'attends-tu pour les ôter de ton champ, afin d'y accueillir avec profit les graines de la Parole qui sauve ? » Gamaliel lui répondit : « Je ne le peux pas tant qu'un signe divin indubitable ne m'est pas donné devant les yeux et dans mon cœur. » Jésus lui dit alors : « Quand un champ est trop pierreux, même si la foudre tombe sur lui pour le fendre en deux, cela ne suffit pas à le défricher. En effet, ce n'est pas la bonne terre qui reçoit ce coup du ciel, mais seulement les pierres en surface. Dans l'attente donc du signe divin qui te sera peut-être accordé un jour, pourquoi ne travailles-tu pas à enlever les pierres qui étouffent ta bonne terre ? Si tu ne fais pas au moins cela, aucun signe d'en haut ne t'apportera la foi complète, celle qui dure et qui produit des fruits de justice selon Dieu. » Gamaliel répliqua : « Selon toi, quelles sont ces pierres qui m'empêcheraient d'accueillir ta parole ? » Jésus lui répondit : « Trop de science peut obscurcir le cœur. Trop de pouvoir peut rendre la volonté tyrannique. Trop de renom peut tenter l'humilité. Tu es du reste suffisamment sage parmi les hommes pour découvrir par toi-même tes plus grosses pierres. Maintenant, Rabbi, il me faut te dire adieu. Puisses-tu t'élever comme ton oncle, le patient et doux Hillel ! » Intrigué, Gamaliel lui demanda : « Que veux-tu dire par là ? » Jésus lui répondit : « Tu grandiras encore si tu t'humilies davantage devant Dieu et devant son Messie. Hillel a su croire comme un enfant, aimer comme une mère et enseigner comme un père. Que la mémoire de ce juste, qui fut ton parent, soit en bénédiction ! Paix sur toi, Rabbi ! » Sur ces mots, Jésus pris congé avec ses disciples.

Rencontre avec un disciple de Rabbi Gamaliel

55 Alors que Jésus et les Douze remontaient vers le nord en direction de Giscala, en Haute-Galilée, un lévite* originaire de Chypre du nom de Joseph les rejoignit sur le chemin. L'homme avait le cœur généreux et droit. C'était un disciple de Rabbi Gamaliel*. Il se joignit au groupe et demanda à Jésus : « Rabbi, ta sagesse est connue de beaucoup : me permets-tu de t'interroger ? » Jésus lui répondit : « Parle sans crainte. » L'homme lui dit alors : « Ma mère était depuis longtemps stérile quand elle m'a eu. On me donna le nom de Joseph, mais elle me surnomma son "fils de consolation", son "Barnabé". Je fus consacré à Dieu et plus tard attaché au service du Temple. C'est là que je vins aux pieds de Rabbi Gamaliel et reçus ses leçons de sagesse. Lui aussi daigna m'appeler non plus Joseph, mais Barnabé. » Jésus lui dit alors : « Fais donc en sorte que même Dieu et surtout Dieu puisse te donner ce nom ! » L'homme reprit : « J'ai souvent pu accompagner le Rabbi dans ses voyages, car j'étais seul. » Arrêtant son regard sur lui, Jésus lui demanda : « Dieu est-il ton Ami ? » Le

lévite lui répondit sincèrement : « Je l'espère. J'essaie de Le servir le mieux possible. » Jésus lui dit alors : « Tu n'es donc pas seul. Le pécheur uniquement est seul. » Le lévite lui répondit : « Cependant, à moi aussi il arrive de pécher, car tout est occasion de franchir la haie des six cent treize *mitsvot* [préceptes de la Thora*]. » Jésus lui dit : « En vérité, l'acte prescrit que tu poses pour glorifier Dieu serait peu de chose si l'Ange du Seigneur ne le portait pas en ton nom jusqu'au Trône céleste. Or, tu sais comment l'on attire sur soi le secours de l'Ange : par la connaissance en esprit et en vérité du Nom* de l'Éternel [CF. PS 91,14]. Peux-tu donc me dire l'attribut divin qui te semble le plus proche du saint Nom ineffable ? » Le lévite répondit sans hésiter : « La Sainteté. » Jésus lui répondit : « Non. » Il reprit : « La Toute-Puissance ? » Jésus lui répondit : « Non. » Alors le lévite proposa : « La Sagesse ? » Jésus lui répondit de la même façon et ajouta : « Tu es encore loin de connaître le vrai visage de Celui qui t'a créé ! Si tu le connaissais seulement un peu, tu saurais que le principal attribut du Père céleste est la Miséricorde. » Le lévite reprit : « Je sais que Dieu est miséricordieux, mais je sais aussi que plus l'homme pèche, plus la force du Seigneur s'éloigne de lui et se rapproche alors le juste châtiment. » Jésus lui répondit : « Non, la force divine ne s'éloigne pas de l'homme faible qui, malgré lui, retombe souvent dans son péché. Elle s'éloigne seulement de l'homme qui refuse obstinément de lutter contre les tentations et ses appétits désordonnés. Crois-tu donc que le Créateur exige des fils d'Adam ce qu'Il pouvait exiger d'Adam lui-même avant sa chute ? Le Père sait de quelle glaise vous êtes façonnés et Il connaît toutes vos faiblesses et toutes vos blessures. Ne faites donc pas comme Adam dans le jardin : après son péché, il commença à avoir peur de Dieu et à fuir sa présence [CF. GN 3,8-10]. Au contraire, d'un cœur sincère, approchez-vous de votre Père, car Lui peut tout comprendre, tout pardonner, tout restaurer dans son intégrité première. » Le lévite fut touché de ces paroles et dit à Jésus : « Rabbi, je voudrais rester avec toi. » Mais Jésus lui répondit : « Pour toi, il n'est pas encore temps de venir à ma suite. Quand l'heure sera venue, ton maître te le dira, car c'est un maître juste. D'ici là, reste fidèle à l'amour de Dieu et du prochain, sans jamais te décourager de rien. »

Parabole des trois fils

56 Ce jour-là, comme le groupe des soixante-dix disciples se trouvait réuni, Jésus leur proposa une parabole* pour leur montrer qu'ils devaient rester solidement unis et toujours se pardonner mutuellement. Il leur dit : « Un homme fut un jour obligé de quitter les siens pour se rendre dans un pays lointain. Avant de partir, il fit venir ses trois fils et leur déclara : "Comme vous ne reverrez pas mon visage avant longtemps, j'ai décidé d'ici mon retour de vous confier mes terres à cultiver. À toi l'aîné, je confie

ma belle terre près de la rivière ; à toi le cadet, je confie le champ près de ma maison ; à toi le plus jeune, je confie mon carré de terre sur la colline. Semez abondamment le grain que je vais vous donner et, avec ce que vous récolterez, faites vivre votre famille. Si, une année, l'un d'entre vous récolte trop peu, que les deux autres lui viennent en aide, car, l'année suivante, c'est peut-être lui qui accomplira la même bonne œuvre en votre faveur. Que votre chemin soit de peine ou de joie, sachez en toute occasion rester unis entre vous comme vous l'êtes depuis toujours dans mon cœur de père !" Après ces paroles, l'homme leur donna à chacun un grand sac de semences de blé, le même pour chacun, puis il les quitta. Voyant que, désormais, les trois frères se trouvaient seuls, l'ennemi du père vint la nuit suivante et, tandis qu'ils dormaient, il leur déroba une partie de leur grain et le remplaça par de l'ivraie. Au matin, personne ne s'aperçut de rien. Quand arriva le temps des semailles, chacun des frères partit ensemencer la terre qui lui était attribuée. En ouvrant leur sac de semences, ils découvrirent que la partie haute du sac ne contenait que de l'ivraie et non du blé. Chacun des trois fils se mit alors en colère et accusa les deux autres d'avoir voulu le tromper et le voler. À partir de cette heure-là, ils cessèrent de se fréquenter et devinrent semblables à des étrangers. Comme le fils aîné avait peu d'ivraie dans son sac et que sa terre était bonne, il put l'ensemencer de bon grain dans sa totalité. Ensuite, il négligea de venir l'arroser et de surveiller la croissance des pousses. De ce fait, le rendement de la moisson fut médiocre et l'aîné eut à peine de quoi nourrir les siens. Comme le cadet avait davantage d'ivraie que l'aîné, il ne réussit à semer le bon grain qui lui restait que sur les deux tiers de son champ. Il l'arrosa régulièrement, mais négligea de soigner les pousses malades. De ce fait, le rendement de la moisson fut moyen et le cadet eut à peine de quoi nourrir les siens. Le plus jeune avait encore moins de bon grain que les deux autres. Il sema le peu qu'il avait sur le tiers de son champ. Comme à cet endroit la terre était aride et en pente, il dut venir souvent pour l'arroser, surveiller les pousses et les guérir de leurs maladies. Du fait de ses soins répétés, le rendement de la moisson fut excellent et il put nourrir facilement tous les siens. Comme il lui restait des mesures de blé en excédent, il eut pitié de ses frères et, sans se faire connaître, il leur fit porter gratuitement son surplus. Les années suivantes, la terre de l'aîné continua de produire à peine ce qu'il fallait pour nourrir sa famille. Il en fut de même de la terre du cadet qui resta exploitée aux deux tiers et ne produisit jamais d'excédent. Par contre, la petite terre du plus jeune fut toujours cultivée dans sa totalité et ses excédents continuèrent d'aller aider régulièrement les deux autres frères qui en ignorèrent toujours la provenance. Après plusieurs années d'absence, le père revint enfin chez lui et appela ses trois fils devant lui. Il leur demanda : “Avez-vous suivi mes instructions ? Vous êtes-vous bien occupés de mes terres et avez-vous partagé entre vous les excédents de blé comme je vous l'avais conseillé pour vivre heureux et dans l'aisance ?” Ils lui répondirent :

“Après ton départ, chacun de nous est devenu comme un étranger pour les deux autres, car une partie de ton bon grain avait été changée par de l'ivraie et nous nous sommes mutuellement accusés de ce forfait.” Le père leur dit alors : “Comment se fait-il que vous n'ayez pas eu la sagesse de suspecter mon ennemi d'avoir commis ce vol ? Et pourquoi n'avoir pas au moins voulu vous parler et vous pardonner mutuellement, puisque moi je vous ai toujours pardonné vos propres offenses ?” Les deux aînés baissèrent la tête, ne sachant que répondre, mais le plus jeune regarda son père en face et lui dit : “Père, dans mon sac de semences, il restait peu de bon grain, si bien que, la première année, je n'ai pu cultiver que le tiers de mon champ. Mais Dieu a béni mes efforts incessants et, de ce peu, j'ai obtenu quelques mesures de blé en excédent. Comme je voyais de loin la détresse de mes frères, j'ai eu pitié et je leur ai fait porter mon superflu, mais sans me faire connaître d'eux. De la sorte, ils n'ont pas pu refuser mon don et c'est ainsi qu'année après année, ils n'ont pas eu trop à souffrir du rendement insuffisant de leur terre.” Le père embrassa tendrement son plus jeune fils et dit aux deux autres : “Le plus petit parmi vous avait reçu la plus mauvaise part. Le forfait de mon ennemi aurait pu entraîner sa mort du fait de votre paresse et de votre dureté de cœur. Or, voici que c'est lui qui vous a sauvés. À ma pauvre terre, il a donné toute sa sueur, et à mes fils indignes, il a donné l'or de son pardon. Si vous aussi vous aviez su pardonner comme lui, en acte véritablement, vous n'auriez plus été trois, mais un. La richesse de l'un aurait fait la joie de l'autre, mais comme vous avez peu aimé, vous avez peu récolté. Votre jeune frère avait lui aussi été trompé par mon ennemi, mais son amour a triomphé du piège qui avait pour but, non de vous priver d'un peu de grain, mais de vous diviser mortellement. Si désormais vous voulez être les dignes fils de votre père, là où le mal de l'ennemi abonde, faites surabonder la miséricorde. Ainsi, vous vivrez dans une paix parfaite !" »

Après avoir entendu la parabole, l'un des disciples demanda à Jésus : « Maître, est-ce pour nous seulement que tu as dit cette parabole ? » Jésus lui répondit : « Pour vous, oui, mais aussi pour tous ceux de mes disciples qui viendront après vous. L'Ennemi de Dieu cherchera à vous diviser, même en se réclamant de moi, mais il ne tient qu'à vous de ne pas prêter l'oreille à son langage de séduction ! On vous accueillera dans le Royaume des cieux même si vous ne connaissez pas bien ma Doctrine et même si des erreurs vous ont aveuglés à votre insu, mais vous n'y entrerez certainement pas si vous n'avez pas su aimer vos frères véritablement et si vous n'avez pas su leur pardonner à cause de mon Nom comme le Père, durant votre temps sur la terre, ne cesse de vous pardonner à cause de mon Nom. »

Les bons bergers de Jésus

CF. JN 10,1-18

57 Alors que Jésus se trouvait encore en Galilée, il se mit à parler aux disciples de leur mission future. Il leur dit : « Voici que je vais vous établir pasteurs de mon troupeau. Vous fortifierez mes brebis faibles, vous guérirez celles qui sont malades, vous banderez celles qui sont blessées, vous irez à la recherche de celles qui se sont égarées. Vous les gouvernerez toutes avec douceur et bonté. Vous les protégerez des loups et des renards qui rôdent jusque dans les champs. Ces carnassiers veulent d'abord les apeurer et les disperser pour mieux ensuite les saisir et les dévorer à l'écart. Comme de bons pasteurs, vous ne vous paîtrez pas vous-mêmes, mais vous conduirez mes brebis aux meilleurs pâturages. Si certaines d'entre elles viennent à s'égarer, vous les rechercherez avec soin. Vous irez dans les bois les plus sombres ; vous irez dans les lieux déserts ; vous approcherez des marécages et des précipices ; dans le brouillard ou les lieux obscurs, vous les appellerez chacune par leur nom. Si vous les retrouvez, vous leur donnerez à boire unc cau limpide et vous les ferez un peu reposer. Puis vous chargerez les plus faibles sur vos épaules et retournerez vite au bercail où vous attend le reste du troupeau. Ce sera alors pour vous tous une grande joie et une grande fête. En agissant ainsi, vous serez les dignes auxiliaires du Fils de l'homme*. Car je suis le bon berger venu rassembler toutes les brebis

de mon Père pour les paître avec justice [CF. EZ 34,16]. Comme je vous ai aimés, vous devrez aimer les brebis que je vous confie. Comme je livre ma vie pour elles, vous devrez vous aussi livrer votre vie pour elles. Ainsi, vous sauverez vos âmes et vous régnerez pour toujours dans mon Royaume. »

Jésus s'identifie aux pauvres

58 Jésus arriva tôt le matin à Hippos, riche ville de la Décapole*, au sud-est de la mer de Galilée. Il envoya les apôtres distribuer des oboles aux mendiants et avertir les habitants de la cité que le Rabbi de Nazareth leur parlerait sur l'esplanade après la clôture du marché. En attendant, il se mit à circuler sur la place parmi les étals des marchands. Il demanda à l'un d'eux : « Votre ville semble riche et prospère. Pourtant, j'y vois un nombre important de mendiants. Viennent-ils d'ailleurs ou sont-ils d'ici ? » Le marchand lui répondit avec sincérité : « Quelques-uns viennent d'ailleurs, mais la plupart sont d'ici. Ce sont eux qui, il y a quelques années, apportaient les lourds matériaux de construction pour nos maisons et pavaient nos routes sous la direction des Romains. Beaucoup d'entre eux se sont rendus malades ou sont devenus estropiés. Aujourd'hui, ils mendient, car ils sont incapables de travailler. » Jésus lui répondit : « Ainsi, vous jouissez de ce qu'ils vous ont aidé à

acquérir. Pourquoi ne puisez-vous donc pas dans votre prospérité présente pour leur donner ce à quoi ils ont droit : du pain, un toit et des soins pour leurs infirmités ? » Le marchand lui fit cette réponse : « Maître, nous observons la Loi de Moïse et nous faisons régulièrement l'aumône. Cependant, les miséreux d'ici sont tellement nombreux qu'en aidant l'un, nous en voyons dix autres accourir. Cela devient alors comme une montagne que nous ne pouvons plus soulever. » Jésus lui répondit : « Si vous aviez de la foi gros comme ce grain de moutarde, vous diriez à votre montagne d'inquiétude d'aller se jeter là-bas dans la mer, et elle le ferait. »

Plus tard, quand tous les étals furent rangés, Jésus se mit à parler sur l'esplanade. Une grande partie du peuple d'Hippos s'y était rassemblée avec une centaine de pauvres regroupés un peu à l'écart. Prenant la parole, il leur dit : « Habitants d'Hippos, plusieurs d'entre vous m'on dit : "Nous voudrions devenir tes disciples." À eux comme à vous, je réponds : vous le pouvez, car mon enseignement est facile et mon joug léger. Je suis le Rabbi qui donne sans demander d'autre salaire que votre amour. Si vous m'aimez, vous aimerez Celui qui m'envoie, le Père céleste, et vous aimerez ceux qui ont sa faveur : les petits, les pauvres, les affligés. De ceux-là, j'ai vu un grand nombre parmi vous. Vous pensez qu'ils sont vos épines alors qu'ils sont vos trésors. Vous croyez qu'ils vous appauvrissent alors que, en vous donnant l'occasion d'aimer et de partager, ils vous enrichissent pour votre vraie cité qui est au ciel.

Certes, la ville d'Hippos est belle et prospère. Pourtant, je vous le dis, vos anges la voient comme recouverte d'un immense nuage d'orage, dont l'ombre noire jette un aspect effrayant sur toutes ses beautés. Par votre justice, éloignez donc ce mauvais nuage et vous serez bénis. Rappelez-vous : Dieu fit la promesse d'épargner Sodome s'Il y trouvait au moins dix justes [CF. GN 18,32]. Vous aussi, vous pouvez sauver votre cité en devenant des justes selon le cœur de Dieu. Vous, les riches, travaillez à devenir riches pour le Royaume des cieux et donnez de votre superflu à ceux qui n'ont rien. Vous, les pauvres, n'aspirez qu'au nécessaire et ne désespérez pas de la sollicitude de votre Père céleste. S'Il sait donner ce qu'il faut aux moineaux qui volent librement dans l'air, combien plus saura-t-il s'occuper de vous si vous Lui faites confiance et si, pour l'amour de son Nom*, vous vous gardez du péché. En vérité, à ses yeux, vous valez bien plus qu'une multitude de moineaux ! » L'un des habitants, qui était un notable, lui dit : « Seigneur, il est vrai que nous avons été durs jusqu'à présent avec ces malheureux. Voici que nous allons les traiter désormais non comme des étrangers, mais comme des membres de notre famille. Toi, prie seulement pour nous, afin que ce soit la miséricorde de Dieu et non plus sa colère qui soit sur cette cité. » Jésus lui répondit : « Chaque pauvre que vous aiderez, ce sera moi que vous aiderez, car, en vérité, je demeure en chacun d'eux. Le Fils de l'homme n'est pas venu dans le monde en glorieux empereur, mais comme un pauvre et un persécuté, et en tous les pauvres et persécutés, c'est mon sang qui coule. Mon Royaume n'est pas de la terre, mais du ciel. Seuls les cœurs droits et humbles y entreront. L'échelle pour y monter est la Parole que je vous donne et les échelons sont tous d'amour. Qui aime peu est au bas de l'échelle ; qui aime beaucoup jusqu'à en mourir est au sommet, tout près de la vie éternelle. »

Comme Jésus ne disait plus rien, le notable l'invita à venir dans sa maison, mais lui n'y consentit pas. En lui désignant le groupe des malheureux, il lui dit : « Je reste avec les pauvres que voici. C'est avec eux que je partagerai le pain. Je leur ferai également goûter un avant-goût de la joie de mon Royaume. »

Quand il ne resta plus sur l'esplanade que la centaine de pauvres et les disciples, Jésus s'adressa aux pauvres en leur demandant : « Voulez-vous guérir ? » Près des deux tiers étaient malades ou estropiés ; ils répondirent tous : « Oh, oui, Seigneur ! Au nom de Dieu, aie pitié de nous ! » Alors Jésus étendit les mains vers eux et dit : « Qu'il soit fait selon votre foi et que vos corps jubilent du salut que vous donne aujourd'hui votre Sauveur ! » Ce fut alors un spectacle prodigieux : les bras et les jambes estropiés, les hanches disloquées, les yeux éteints, les muscles épuisés de fatigue et de privation, tout reprit un aspect sain et normal. Se voyant revivre et à nouveau capables de travailler, tous ceux qui venaient d'être guéris poussèrent de grandes clameurs de joie. Beaucoup se mirent alors à chanter et à danser en louant Dieu et son Messie*, Roi d'Israël.

Guérison d'un serviteur romain

59 Comme la foule des mendiants d'Hippos se pressait autour de Jésus pour le remercier de leur guérison, un Romain se fraya un passage jusqu'à lui, s'inclina et lui dit : « Salut, Rabbi d'Israël. Ce que tu viens d'accomplir, est-ce seulement pour ceux de ton peuple et de ta foi ? » Jésus lui répondit : « Non, homme, ni ce que j'ai fait, ni ce que j'ai dit. Ma puissance est pour tous, car mon amour est pour tous. La connaissance du Dieu unique est pour tous les hommes et tous les hommes sont appelés à le connaître et à l'aimer. Pour l'approcher, je suis la voie, la lumière et la vérité. Si tu gardes ma parole, tu viendras toi aussi à la lumière et à la vie. » L'homme lui répondit : « À tes yeux, je suis un païen, mais moi je crois que tu es vraiment un dieu. J'ai un vieil esclave qui m'est cher. Il me suit depuis mon enfance. Maintenant, la paralysie le tue lentement et le fait beaucoup souffrir. Mais c'est un esclave. Peut-être n'accepteras-tu pas de te déplacer pour un esclave ? » Jésus lui répondit : « En vérité, je te le dis, je ne connais qu'un seul esclavage, celui du péché. Mais celui qui pèche et se repent rencontre ma pitié. À présent, tu peux t'en retourner. Comme je guéris ton esclave, toi guéris de ton erreur et entre dans la vraie foi. » L'homme lui répondit : « Tu ne veux pas venir jusqu'à ma maison ? » Jésus lui dit : « Non, homme. » Le Romain attristé lui dit : « Je vois que j'ai trop demandé. Un dieu ne va pas dans la maison des mortels, surtout s'il est le

dieu d'une autre nation. Quel Juif a jamais logé Jupiter ou Apollon ? » Jésus lui répondit : « Personne, car ils n'existent pas. Mais le vrai Dieu, le Dieu unique que servent les Juifs, Lui ne craint pas d'entrer dans le cœur des hommes justes. » L'homme lui dit : « Mais comment appelles-tu ce Dieu unique ? » Jésus lui répondit : « Il est Celui qui est, qui était et qui sera éternellement. » L'homme lui dit : « Je t'en prie, ne me mens pas, car moi je sens que tu es Dieu. » Jésus lui dit alors : « Je ne mens pas et tu l'as dit : je le suis. Le Père du ciel et moi, nous sommes un. Je suis son Fils sorti de Lui pour rassembler tous les hommes et les conduire à notre vie. Il m'a envoyé sauver tous les hommes, donc toi aussi et tous les tiens aussi. Mais n'est-ce pas ton esclave qui accourt là-bas en t'appelant ? » Le Romain se retourna et vit un vieillard accourant, enveloppé dans une couverture et suivi par d'autres gens. Le vieillard criait : « Marius, Marius, mon maître ! Je suis guéri ! » Quand il eut rejoint l'endroit où se trouvait Jésus, il expliqua : « Maître, tout à l'heure, j'ai senti une douce chaleur descendre dans mes membres et j'ai entendu une voix qui ressemblait à la tienne et qui me disait : “Lève-toi !” J'ai essayé de le faire et j'ai vù que je pouvais me tenir debout et même marcher comme avant. J'ai touché mes plaies, mais elles avaient toutes disparu. J'ai crié. Quintus est accouru et m'a dit où je pourrais te trouver. Je n'ai pas attendu d'avoir mes vêtements et je suis venu tout de suite. Me voici, maître, et réjouis-toi, car je vais de nouveau pouvoir te servir. » S'étant mis à genoux devant le Romain, le vieillard baisait son vêtement en pleurant, mais son maître lui dit : « Non, celui qui t'a guéri, ce n'est pas moi, c'est le Rabbi. Lui, il est le vrai Dieu. Quand il dit une chose, elle arrive comme il l'a dit. Ainsi, de sa voix, il a guéri les pauvres que voilà. De sa voix aussi, il a commandé que tu sois guéri et tu l'as été. Je voudrais maintenant faire honneur à ce Dieu qui a eu pitié de nous. Ô Rabbi, je vais te donner de l'argent pour ces malheureux et j'irai parler de tes bienfaits à ceux de ton peuple qui ici ne croient pas encore. Dis-moi si je peux faire autre chose pour toi ? » Jésus lui sourit et lui dit : « Ma force te précédera sur le chemin de Dieu. Elle t'aidera à y avancer si tu demeures bon avec les petits qui sont avec toi. Adieu, Romain ! » L'homme tout heureux s'en alla avec son esclave et les siens. Quant à Jésus, il se retira sous un portique ombragé et se mit à partager le pain et les offrandes du peuple entre ses disciples et tous les mendiants. Pour lui-même, il se réserva la plus petite part et mangea en dernier, car il voulut les servir tous.

L'appel secret d'une pécheresse

60 Jésus allait quitter Tarichée, ville située au sud-ouest de la mer de Galilée. Il venait d'y prêcher la Bonne Nouvelle du salut offert à tous en la personne de l'Envoyé du Père céleste. Comme une foule nombreuse se pressait autour de lui, il avait peine à se frayer un passage

pour rejoindre la barque de Pierre qui l'attendait au quai. Soudain, s'arrêtant de marcher, il se retourna et, regardant la foule bruyante, il cria : « Qui m'a appelé ? » La foule étonnée fit silence. Alors, il reprit : « Qui m'a appelé en implorant ma pitié pour son esprit blessé et sa chair malade ? » Personne ne répondit. Matthieu qui se trouvait non loin s'approcha et lui dit doucement : « Maître, qui pourrait dire combien dans cette foule soupirent après toi, espérant un bienfait comme celui que tu dis. » Mais Jésus lui répondit : « Non, quelqu'un a crié vers moi de toute la force de son être, et je l'ai entendu. » Se retournant alors à nouveau vers la foule, il tendit la main et dit d'une voix forte : « Toi qui m'as appelé, je te le dis ici devant tous : qu'il te soit fait selon ta demande, car il est juste le mouvement de ton cœur ! » Après quoi, il reprit son chemin en direction de la mer. Comme il était presque arrivé au port, une femme soigneusement voilée réussit à le rejoindre. Elle se jeta à ses pieds et embrassa la frange de son vêtement, seulement la frange pour ne pas risquer de le rendre impur. Jésus abaissa son regard vers elle et lui demanda : « Était-ce toi qui m'appelais ? » La femme, qui était une prostituée romaine, lui répondit : « Oui, Seigneur, et je ne suis pas digne de la grâce que tu m'as faite. Je n'aurais même pas dû t'appeler ainsi avec mon esprit. Mais j'ai eu confiance en la vérité de tes paroles. À Tibériade, j'ai beaucoup péché, car j'étais une courtisane, et plusieurs fois j'ai provoqué la mort en mon propre sein. Le vice m'avait rendu malade. Après t'avoir entendu, mon cœur a crié vers toi : "Je ne suis que boue et cendre, mais j'aspire à toi, ô Lumière des pécheurs et des rejetés ! Guéris mon âme et après, si tu le veux, guéris également ma chair !" Or voici, Seigneur, que ma chair vient d'être guérie, mais qu'en est-il de mon âme ? » Jésus lui répondit : « Ton âme est guérie à cause de la force de ton repentir. Tous tes péchés t'ont été pardonnés. Va et, désormais, ne pèche plus. » La femme embrassa à nouveau la frange du vêtement de son Sauveur, mais, en se relevant, son voile glissa et son visage apparut à tous. En la reconnaissant, des hommes qui étaient là se mirent à rire et à l'injurier. Ils saisirent du gravier et du sable mouillé et commencèrent à lui en jeter. Croyant qu'on allait la lapider, la femme se replia sur elle-même et attendit la mort. Mais Jésus leva la main et imposa le silence. Il demanda aux hommes qui la maltraitaient : « Pourquoi ces insultes et ces coups ? Vous ne le faisiez pas quand elle était pécheresse. Pourquoi le faites-vous maintenant qu'elle veut se racheter ? » Ils lui répondirent : « Cette païenne est une menteuse : elle ne s'est tournée vers toi que parce qu'elle est devenue vieille et malade. » Jésus dit alors à la femme : « Passe devant moi et descends dans cette barque. Tu regagneras ta maison par voie de mer. » Voyant cela, les hommes qui connaissaient la prostituée retournèrent leur colère contre Jésus et l'invectivèrent en disant : « Tu n'es qu'un faux prophète, pour protéger ainsi des prostituées notoires et d'un autre peuple ! Tu les protèges, parce que tu les approuves. Tu les approuves, parce qu'elles te donnent à toi aussi du plaisir. » Tout en criant, ils se mirent à lui lancer avec force des poignées de sable humide qui vinrent le frapper durement au visage. Jésus s'essuya sans protester et arrêta le geste des disciples présents qui voulaient intervenir. Il leur dit : « Laissez-les faire : je leur pardonne. Pour sauver une brebis perdue, je suis prêt à souffrir bien davantage. » Après quoi, il s'embarqua et la barque s'éloigna rapidement du quai. Comme la foule s'était divisée sur le compte de Jésus, il y eut encore de l'agitation sur le rivage pendant un certain temps.

Les deux maisons

61 Comme ils s'en retournaient à la maison de Pierre à Capharnaüm, Jésus prit la parole et leur dit : « Une maison ne peut se bâtir toute seule. Elle a besoin d'un bâtisseur expérimenté. Je suis le bon bâtisseur et vous êtes la maison. Si, écoutant ma voix, vous me laissez construire votre maison, vos fondations seront solides et vos murs bien droits. Si, au contraire, vous prêtez l'oreille aux bâtisseurs qui ne sont pas de mon école, votre maison sera comme la tour de Babel, belle et large à sa base, mais démesurée et fragile à son sommet [CF. GN 11,4]. Qu'arrivera-t-il si vient à souffler le vent d'une violente tempête ? La maison construite par le Fils de l'homme* résistera à toutes les attaques du mauvais temps, car ses fondations reposent sur le roc, les murs sont épais et les étages peu

élevés pour ne pas donner prise au vent. Au contraire, la maison construite par les fils de ce monde est incapable de résister longtemps aux assauts du vent, de la pluie et de la foudre. Elle repose sur un sol incertain, les murs sont trop nombreux et trop lourds, les étages montent trop haut. Cette maison-là est celle de l'opulence et de l'orgueil, non celle de la sagesse qui vient de Dieu. Arrive une bourrasque plus forte que les autres et voilà qu'elle s'écroule, et sa ruine est complète. Si donc vous ne laissez pas Dieu lui-même bâtir votre maison, c'est en vain que vous peinerez pour vous élever [CF. PS 127,1]. »

Une femme récuse les disciples

62 Un jour, non loin du Jourdain, une femme interpella Jésus : « Seigneur, je t'en prie, viens dans ma maison : ma fille est couverte d'ulcères. Si tu le peux, fais quelque chose pour elle. » Jésus lui répondit : « Je vais t'envoyer l'un de mes disciples. Il priera pour ta fille et celle-ci guérira. » Mais la femme répliqua : « Non, Seigneur, pas l'un de tes disciples, mais viens toi-même en personne. Toi seul es le Maître. Toi seul es le Prophète que Dieu exauce toujours. » Jésus lui dit alors : « Femme, qui écoute l'un de mes envoyés m'écoute. S'il prie en mon nom, je prie avec lui. S'il bénit en mon nom, je bénis avec lui. S'il guérit en mon nom, je guéris avec lui. Crois-tu cela ? » La femme lui répondit : « Seigneur, j'ai

entendu dire que tes disciples ne réussissent pas toujours à guérir toutes les maladies alors que toi tu y parviens toujours. C'est donc toi que je veux. Viens, je t'en prie, par pitié ! » Jésus lui répondit : « En refusant le secours de l'un de ces petits qui me servent avec foi et amour, c'est moi que tu refuses. Retourne donc chez toi et change le regard de ton cœur. Continue de soigner ta fille et laisse-la soigner les ulcères de ton âme. Ses douleurs patiemment supportées seront pour toi un chemin de pénitence. » Après avoir ainsi parlé, Jésus poursuivit sa route sans déléguer aucun disciple auprès de la malade. Quant à la mère, elle s'en retourna chez elle très contrariée. Elle remuait en elle-même de sombres pensées, se demandant notamment si Jésus n'était pas un faux prophète comme le soutenaient beaucoup de Pharisiens*. Elle rapporta cependant à sa fille ce qui s'était passé et celle-ci crut en la parole de Jésus. Elle accepta son épreuve et encouragea sa mère à faire pénitence.

L'Agneau de Dieu et les petits

63 Comme Jésus et les Douze progressaient avec grande difficulté dans une zone marécageuse de la Décapole*, à l'est du Jourdain, il leur dit : « Remontons vers les montagnes. Nous perdrons une journée, mais vous sortirez enfin de ces marécages qui vous épuisent. » Ils lui répondirent : « Toi aussi, tu en

souffres avec nous. » Mais il leur dit : « Pour moi, cela ne compte pas. C'est le marécage des âmes mortes qui me peine. » Des larmes mouillèrent ses yeux et comme Pierre s'en aperçut, il dit doucement à Jésus de manière à n'être pas entendu des autres : « Maître, ne pleure pas. Nous sommes rétifs comme des mules, mais, en vérité, nous t'aimons. Si nous pouvions mettre la main sur ceux qui blessent ton cœur [CF. PS 109,22], nous saurions te venger. » « Non, répondit Jésus, vous pardonneriez comme moi je pardonne. Mais laisse-moi pleurer, car je suis l'Agneau du rachat et déjà je prends en charge vos fautes et celles de tous les fils d'Adam. D'être ainsi déjà trahi, renié, abandonné comme tu vois que je le suis, cela me donne de la douleur. » Pierre alors lui dit : « Ta consolation, c'est de voir que nous au moins nous restons toujours avec toi et que nous voulons mettre nos pas dans les tiens jusqu'à la mort. » Mais Jésus lui dit avec tristesse : « Simon, ne jure jamais de l'avenir d'un homme, car il n'y a rien de plus incertain. Il y a des brigands qui deviendront des justes et il y a des justes, ou des hommes qui paraissent tels, qui deviendront des brigands. » Pierre lui dit : « Seigneur, puisque tu es la vivante Miséricorde et notre Salut, comment se fait-il qu'un cœur fidèle puisse être un jour abandonné par toi ? » Jésus lui répondit : « Avec mon aide, il ne dépend que de vous de garder ou non ma parole, et si vous choisissez de garder ma parole, vous resterez toujours dans mon amour. Nul ne peut arracher de ma main ceux que le Père m'a donnés, mais pour rester ainsi toujours dans la main du Fils il vous faut accepter de faire mourir votre vieux levain et demeurer tout petits. »

Les ennemis et les amis de Jésus

64 On était maintenant à l'époque de la Pâque*. Chaque fois que Jésus se rendait au Temple, il était surveillé de près par les gardes du Lieu saint. Par des paroles, des gestes et diverses tracasseries, les chefs religieux lui faisaient sentir leur mépris, mais lui n'en tenait pas compte et passait tranquillement au milieu d'eux. Malgré le peuple qui l'entourait avec ferveur, certains prêtres* et scribes* lui adressaient des paroles acerbes : « Homme pécheur de Galilée, lui disaient-ils, jusqu'à quand vas-tu abuser de notre patience ? Combien de fois devrons-nous te répéter que tu n'as pas le droit de faire ici le rabbi et le prophète ? Pourquoi te montres-tu tellement rebelle à nos avertissements ? » Calmement, Jésus leur répondait : « Je suis venu pour immoler l'agneau et accomplir tout ce qui est prescrit par la Loi. Vous ne pouvez pas m'en empêcher. Quant à mes paroles, elles viennent toutes de Moïse et des prophètes. Vous ne voulez pas les entendre, car vous préférez écouter la voix de vos Anciens plutôt que celle de Dieu. Or c'est Lui, le Père et le Juge du ciel, qui me rend témoignage. »

Une fois de retour chez Lazare de Béthanie, alors qu'en compagnie de quelques disciples il marchait dans l'atrium, il leur déclara : « Pour le Sanhédrin* et ceux du Temple, ce que je fais est toujours chameau et poutre. Ils savent pourtant que je suis issu de David et que toutes mes œuvres sont des œuvres de miséricorde. Je me suis présenté devant eux en leur disant : "Venez à Moi, car j'aime et pardonne", mais eux m'ont répondu par des railleries. Je les ai invités à devenir saints parce que le Seigneur Dieu est saint [CF. LV 19,2 ; 11,44], mais ils m'ont répondu en se livrant davantage aux inspirations du Mauvais. J'ai guéri devant eux des malades et purifié des pécheurs, mais ces œuvres saintes, ils les ont appelées "péchés". Je me suis tu, mais ils ont appelé mon silence "preuve d'iniquité". J'ai parlé, mais ils ont appelé mes paroles "blasphèmes". Ces puissants d'Israël s'acharnent à rendre ma route plus amère et difficile, car ils ne veulent pas du Salut que le Père veut donner au monde. Qu'ils sont malheureux ceux-là pour lesquels le Don de Dieu ne peut être reçu comme Amour, mais seulement comme Justice ! » Jacques, fils de Zébédée, lui dit alors : « Seigneur, de tes épreuves, nous avons aussi notre part. » Jésus lui répondit : « Ne vous désolez pas pour cela. Au contraire, dites-vous : Voici que nous mangeons le même pain et buvons à la même coupe que notre Maître. Amen, je vous le dis : vous n'êtes pas au-dessus de Celui qui vous envoie et vous ne pouvez prétendre à une meilleure part que la sienne. Votre part heureuse, la voici : partager les épreuves de votre Maître, vivre de sa vie, mourir de sa mort, puis revivre en Lui pour une vie de gloire éternelle. » Thomas lui demanda : « Devrons-nous bientôt mourir avec toi ? » Jésus lui répondit : « Vous témoignerez pour moi à l'heure prévue par le Père, mais ne craignez pas : je serai toujours avec vous jusqu'à la fin du monde. Et au dernier jour, vos temples de chair seront relevés et glorifiés comme de bons et fidèles serviteurs. » André lui dit alors : « Nous ne comprenons pas tout ce que tu nous dis, mais nous avons foi en toi comme des disciples et des amis. » Jésus lui répondit : « Qu'est-ce pour moi qu'un ami ? C'est tout homme qui écoute la parole de Dieu et qui la garde. Qui ne fait pas cela ne peut être un ami pour moi ni moi un ami pour lui. »

La Sagesse de Dieu visite les hommes

65 Jésus et ses disciples étaient encore en Judée. Ce jour-là, dans la foule qui cherchait à le voir et à le toucher, se trouvaient des hommes venant de plusieurs provinces romaines éloignées. Beaucoup d'entre eux n'étaient pas Juifs. Comme le cortège passait à côté d'une prairie, Jésus y pénétra et les fit asseoir dans l'herbe autour de lui. Après les avoir tous regardés, il commença à les instruire tout en marchant lentement de long en large. Il leur dit : « La Sagesse, qui vit en Dieu, prononça un jour cette parole : "Je vais descendre des cieux et venir sur

la terre pour m'y promener, car 'je trouve mes délices parmi les enfants des hommes' [PR 8,31]." Alors que la Sagesse marchait dans le désert, le sol aride qu'elle foulait s'empressa de produire un tapis d'herbe verte avec des fleurs de toute espèce. En arrivant près d'une cité des hommes, elle aperçut un grand figuier sur le bord du chemin. Elle s'en approcha et, aussitôt, l'arbre se couvrit de figues bonnes à manger. Au même instant, de nombreux oiseaux qui nichaient là se mirent à chanter. Le soleil se joignit à la fête et lança ses puissants rayons vers cette région. Des nuages vinrent bientôt adoucir son ardeur et la Sagesse vit que tout était vraiment très bon de ce que Dieu avait créé par elle et pour elle. C'est alors que son pied heurta douloureusement des pierres coupantes du chemin. Sans s'occuper de son talon blessé, elle voulut leur faire du bien : elle leur prodigua de la lumière, de la chaleur, de la rosée, de la pluie, mais les pierres restaient insensibles et refusaient d'adoucir leur tranchant. Alors, la Sagesse comprit qu'elle venait de heurter des cœurs d'hommes endurcis de péchés. Jusqu'à cette heure, elle avait été bien accueillie par toutes les créatures du monde, mais voilà qu'avaient surgi devant elle des cœurs d'hommes durs comme la pierre. Eux s'opposaient à sa venue et ils l'avaient même blessée. Ô fils d'Adam, si la Sagesse venue d'auprès de Dieu n'a pu adoucir vos cœurs, qui donc le pourra ? Qui donc le pourra ? Répondez-moi ! » Comme la foule restait silencieuse, Jésus reprit la parole et dit : « Si seulement vous acceptiez de me donner vos cœurs de pierre, Moi j'en ferais des cœurs de chair et une louange perpétuelle à mon Père, qui est dans les cieux ! »

Question de pureté rituelle au Temple

66 Ce jour-là, Jésus et les Douze montèrent au Temple. Comme ils marchaient dans la Cour des fils d'Israël, un prince des prêtres* du nom de Lévi s'avança vers eux et dit à Jésus : « Qui t'a permis de marcher ainsi dans ce saint parvis et d'approcher des vases sacrés, sans avoir pris le bain de purification ? Regarde aussi tes disciples : ils ne se sont même pas lavé les pieds ! En agissant ainsi, vous ne craignez pas de fouler un lieu pur et de le souiller. Tu savais pourtant que personne n'a le droit de pénétrer ici et d'approcher les vases sacrés sans s'être d'abord baigné et sans avoir changé de vêtements ! » Jésus s'arrêta et, le fixant, lui répondit : « Et toi qui te tiens ici sur cette même place du Temple, es-tu certain d'être pur ? » L'homme répondit : « Oui, je suis pur, car je me suis baigné dans la piscine de David. Ensuite, comme il convient, je suis descendu par l'un des escaliers et je suis remonté par l'autre. Enfin, je suis arrivé jusqu'ici et j'ai contemplé les vases sacrés. » Jésus lui dit alors : « Quels malheureux vous êtes, vous qui avez des yeux et ne voyez pas ! Sais-tu vraiment où tu as pris ton bain de purification ? Tu l'as pris dans des eaux qui ont également été touchées par des chiens et des porcs. De plus, qu'as-tu

nettoyé ? Tu as seulement nettoyé ta peau du dehors. Cette peau-là, les courtisanes et les servantes impures la lavent, la parfument et la parent pour exciter la convoitise des hommes. Aveugles que vous êtes : sous votre belle peau se cachent des scorpions et toutes sortes de méchancetés. Pour moi et mes disciples, il n'en est pas ainsi. Nous nous sommes baignés dans l'eau vive de l'Esprit Saint qui vient d'en haut. Vous, vous demeurez dans vos impuretés, car vous ne regardez qu'aux choses de la terre sans réussir à voir celles du Ciel ! » Aussitôt après ces paroles, Jésus quitta le Temple suivi de ses disciples. [CF. PAPYRUS D'OXYRHYNQUE 840].

Le mendiant blessé sur la route de Jéricho

67 Ce jour-là, le Seigneur et les Douze marchaient sur la route menant de Jérusalem à Jéricho. Respectant la coutume des rabbis d'Israël, Jésus précédait de quelques pas le groupe de ses disciples. À un moment, ils aperçurent sur le bord du chemin un homme à moitié couché, vêtu de haillons et portant sur le corps plusieurs chiffons ensanglantés en guise de pansements. Aussitôt, Jésus s'approcha et lui demanda : « Qui es-tu et que fais-tu en ce lieu désert ? » L'autre lui répondit : « Je suis un pauvre qui demande un peu d'eau et un peu de pain. » Jésus lui répondit : « Nous allons t'en donner, mais peux-tu nous dire d'où tu viens et où tu

vas ? » L'homme répondit : « Je viens de Jérusalem et je vais à Jéricho. J'ai dû faire un détour pour éviter les cités de Juda, car beaucoup d'entre elles sont sans pitié pour les indigents comme moi. Mais toi-même, d'où es-tu ? » Jésus lui dit : « Je suis de Nazareth en Galilée. » L'homme répliqua : « Autrefois, les Galiléens avaient mauvaise réputation, mais, maintenant, ils ont été dépassés par ceux de Judée. Même à Jérusalem, je n'ai pas rencontré beaucoup de compassion, sauf chez ceux qui se réclament de la doctrine du Nazaréen qu'on dit être le Messie* du Seigneur. Le connais-tu ? » Jésus lui répondit : « Et toi, que sais-tu de lui ? » L'homme dit alors : « Moi, je ne le connais pas, mais j'ai beaucoup entendu parler de lui. Dans l'espoir de le voir, je me suis traîné jusqu'à Jérusalem où il devait normalement se rendre pour les fêtes, mais je ne l'ai pas trouvé. J'espérais lui faire toucher au moins ma jambe pour qu'il la guérisse, car elle est comme morte. Si j'en retrouvais l'usage, je pourrais enfin obtenir du travail et vivre en paix auprès des miens. Comme tu le vois, dans la Ville sainte, on m'a donné peu de pain et beaucoup de coups. J'ai appris que le Messie lui-même avait été mal reçu par ceux du Temple. C'est certainement pour cette raison qu'il est parti aussitôt après les fêtes. » Jésus lui dit : « Ainsi, on t'a maltraité ? » L'homme répondit : « Oui, Seigneur. D'abord, un riche Pharisien m'a renversé exprès avec son char alors que je mendiais à un carrefour. Il a envoyé sur moi ses chevaux et je n'ai pas pu m'écarter à temps. Ce jour-là, j'ai failli mourir. Il m'en reste ce trou à la tête d'où il sort un mauvais liquide. Une autre fois, je me suis approché de la maison d'un Sadducéen* où se donnait un grand banquet. J'espérais avoir une petite part de ce que l'on jette aux chiens après la fête, mais, lorsque le maître de maison m'a vu, il a lancé ses chiens contre moi, et l'un d'eux m'a déchiré la cuisse. » Jésus se pencha sur l'homme et lui demanda : « Et cette cicatrice sur ta main tordue, d'où vient-elle ? » L'homme répondit : « Il y a trois ans, un scribe* m'a donné un violent coup de bâton sur la main et plusieurs de mes doigts ont été brisés. Il avait reconnu que j'étais un Samaritain. Il a ainsi voulu me punir d'avoir osé m'approcher de lui pour lui demander l'aumône. » Jésus lui demanda : « Mais pourquoi es-tu sorti de Samarie ? » L'homme répondit : « Chez nous, il n'y avait pas de travail pour un estropié et le pain était rare. Je suis donc parti. » Jésus continua de l'interroger : « Ce Nazaréen dont tu as parlé, qui crois-tu qu'il soit vraiment ? » L'homme répondit : « Je sais que pour vous autres, nous sommes "un peuple sot" [SI 50,25], mais moi, je ne suis pas assez sot pour ignorer que cet homme de Nazareth est certainement le plus grand des justes en Israël. Lui ne tient pas compte du rang et de la renommée des gens. Tout homme qui est de bonne volonté, il le traite avec miséricorde. Même les Samaritains et les pécheurs trouvent accès auprès de lui. Je connais ses œuvres et ce sont celles d'un Envoyé de Dieu. Mais maintenant que je t'ai dit que j'étais un Samaritain, tu vas sans doute me frapper ? » Jésus lui répondit en souriant : « Je ne frappe jamais personne. Je ne méprise personne. J'ai pitié de tout homme qui s'éloigne du vrai bien qui est Dieu seul. » Se redressant brusquement, le mendiant se prosterna devant Jésus en criant joyeusement : « C'est donc toi le Rabbi de Galilée ! Cela ne peut être que toi ! » Jésus lui dit : « C'est bien moi. Relève-toi sans crainte, mon ami, et accepte le pain et l'eau que nous te donnons. Mange sans te presser. » Le mendiant se mit à manger tout en pleurant d'émotion. Après quoi, Jésus lui posa cette question : « Que veux-tu que je fasse pour toi ? » L'homme répondit : « Seigneur, j'aimerais guérir pour pouvoir travailler. » Jésus lui demanda : « Crois-tu que je puisse le faire ? » L'homme répondit : « Oui, je le crois. Je sens en moi une force puissante et sainte qui me pousse à t'adorer comme si tu étais Dieu lui-même. Je ne comprends pas, mais c'est ainsi. » Jésus lui dit alors : « Tu parles sous l'action de l'Esprit Saint et c'est lui qui t'éclaire. Tu goûtes la Vérité que je suis et tu en es bien plus près que ces scribes et Pharisiens cruels qui t'ont fait du mal. Ceux-là ne veulent pas que Dieu soit connu et aimé. S'ils le voulaient, ils le confesseraient d'abord par leurs œuvres bonnes, car ce sont elles, et non les rites extérieurs, qui conduisent les hommes à Dieu. Voilà maintenant que toutes tes infirmités sont guéries, car ta foi en moi ne t'a pas trompé. Lève-toi et marche. Enlève ces bandages et retourne auprès des tiens. » Étonné, le mendiant se releva, essaya d'allonger sa main et de bouger sa jambe, et il vit que tout était redevenu sain. Il ôta ses bandages et la peau apparut intacte. Fou de joie, il se prosterna devant Jésus et, levant les bras vers lui, il lui dit :

« *Rabbouni* wAlâhi !* », ce qui signifie en langue araméenne* : « Mon Maître et mon Dieu ! » Jésus lui dit alors : « Retourne en Samarie et annonce là-bas les miséricordes du Père céleste pour tous les hommes. Dis-leur que le Messie sauveur est venu également pour les Samaritains et que quiconque écoute la voix du Fils de Dieu écoute la voix du Père céleste qui l'a envoyé. Va maintenant en paix ! »

Jésus ordonna ensuite à Judas de prendre dans la bourse commune tous les deniers qu'il fallait et de les donner à l'homme guéri afin qu'il n'ait plus à mendier pour son pain et son toit jusqu'à son arrivée chez les siens.

Après avoir marché quelque temps avec son Sauveur et les Douze, l'homme de Samarie les quitta tout joyeux, rendant grâce au Messie d'Israël qui était aussi celui de toutes les nations.

Jésus guérit un handicapé mental

68 Cela faisait plusieurs jours que, entre Jéricho et le Jourdain, des groupes de gens modestes et de bonne volonté venaient voir Jésus pour apprendre de lui et se faire guérir de leurs infirmités. Un soir, un homme s'approcha en tenant par la main un garçon d'environ douze ans qui avait l'air hébété et qui geignait sans arrêt. Il expliqua à Jésus : « Seigneur, aie pitié de mon fils que voici ! Comme tu le vois, son esprit

est gravement enténébré. Ma femme est morte en le mettant au monde et lui est né comme cela. Il n'a jamais parlé et semble privé de pensée. Je suis venu de Joppé* avec lui dans l'espoir que tu pourrais lui rendre un peu de conscience. Dis-moi ce que tu veux pour prix de sa guérison et je tâcherai de te le donner, même si c'est ma propre vie. » Jésus lui répondit : « Je ne te demande que de croire en la puissance du Père céleste et au Nom de celui qu'Il a envoyé aux hommes pour les sauver. » L'homme de Joppé répondit : « Seigneur, je sais que ton nom est JÉSUS, ce qui signifie "Dieu sauve". Intercède donc pour moi afin que, par toi, Dieu sauve mon fils ! » Alors Jésus se pencha vers l'enfant et prit tendrement sa tête entre les mains. Il pria un instant en silence, puis, soufflant doucement sur la tête enténébrée, il dit : « Que vienne en toi la lumière de l'intelligence pour qu'elle te conduise, non pas vers le péché, mais vers la pleine lumière de Dieu ! » Le regard de l'enfant s'anima progressivement et devint totalement humain. Jésus lui dit alors : « Écoute bien et répète après moi : "Yé-shouH" [CE QUI EST LA PRONONCIATION DU NOM DE JÉSUS EN LANGUE ARAMÉENNE]. Tu peux le dire, car, à présent, ta langue est déliée. » Le garçon bredouilla avec difficulté : « Gué-giou ! » « Encore ! » commanda Jésus en continuant à lui tenir la tête entre les mains et en l'encourageant de son sourire. « Yé-shou ! » finit-il par dire lentement. Jésus le remit alors à son père qui, encore inquiet, demanda à son fils : « Peux-tu me dire qui je suis ? » L'enfant se précipita dans ses bras en lui criant : « Abba ! », ce qui signifie en araméen : « Mon père chéri ». Le père et l'enfant étaient maintenant fous de joie. En sanglotant d'émotion, l'homme demanda à Jésus : « Seigneur, que puis-je faire pour toi pour te remercier ? » Jésus lui répondit : « Reste bon pour les humiliés et les affligés que Dieu mettra encore sur ta route et apprends à ton fils à devenir bon également. Rends grâce chaque jour au Père du ciel et fais bon accueil à la Bonne Nouvelle du salut que j'annonce partout en son Nom*. Je ne te demande rien de plus. » Après s'être exactement informé de tout ce qui touchait à la Doctrine de Jésus, l'homme repartit vers Joppé avec son fils qui ne cessait de rire et de répéter de nouveaux mots, aussi heureux que s'il venait de naître une deuxième fois.

Jésus ressuscite une fillette

69 Non loin de Naara, au nord de Jéricho, un berger père de famille vint sur la route à la rencontre de Jésus. Il lui adressa la parole avec gravité : « Seigneur, j'ai une petite fille de sept ans et voici déjà trois jours qu'elle est morte. Sa mère et moi n'avons pas désespéré, car nous savions que tu allais bientôt passer par ici. Acceptes-tu de venir sans tarder jusqu'à notre maison ? » Aussitôt, Jésus lui répondit : « Avance ; nous te suivons ! » Parvenu devant la maison, Jésus prit avec lui Pierre, Jacques et Jean. Ils accompagnèrent ensuite l'homme jusqu'à la chambre mortuaire où brûlaient quelques lampes

et des parfums. Le corps de la fillette gisait sur une couche basse. Jésus s'agenouilla tout à côté, posa l'une de ses mains sur la tête de l'enfant et l'autre sur la région du cœur. Puis, levant les yeux au ciel, il pria. Enfin, d'une voix que tous purent entendre dans la chambre, il dit : « Jeune fille, reviens et lève-toi ! » L'enfant tressaillit et ouvrit les yeux. La prenant par la main, Jésus l'aida à se relever et la rendit pleine de vie à ses parents bouleversés. Se tournant vers ses trois apôtres, il leur dit : « Ce que vous avez vu aujourd'hui, un jour vous le ferez vous aussi si, avec foi, vous le demandez à mon Père en mon nom [CF. AC 9,40 et 20,10]. Tout heureux, les parents de la jeune fille prièrent Jésus et ses disciples de demeurer chez eux ce jour-là, ce que Jésus accepta.

Quelques années plus tard, l'homme perdit son épouse. Sa fille était devenue une adulte de grande piété. Il lui remit sa part d'héritage et distribua le reste aux pauvres, puis il alla aux pieds des apôtres pour leur proposer ses services. Il fut accepté comme disciple et devint un ardent propagateur de la voie du Seigneur.

Le pardon accordé à un parricide

70 Entre Jérusalem et Jéricho, non loin de Béthanie, comme Jésus marchait sur un chemin avec quelques-uns de ses disciples, il aperçut un homme d'une cinquantaine d'années

qui semblait l'attendre. Pourtant, à leur approche, l'homme s'esquiva « le visage abattu » [GN 4,5]. Jésus l'interpella : « Ami, où pars-tu si vite ? Ton cœur te condamne-t-il au point de fuir la Lumière ? » L'homme revint sur ses pas et lui dit : « Seigneur, j'ai gravement péché contre le Ciel et contre les miens. J'ai perdu l'espoir de tout pardon. » Jésus le saisit alors par la main et se retira seul avec lui un peu à l'écart. Il lui demanda : « Tout ce qui te concerne, je le sais, mais je veux l'entendre de toi. Que ta bouche parle de l'abondance de ton cœur ! » L'homme tomba à genoux et dit en tendant les mains : « Pour posséder tout l'héritage paternel, je n'ai pas craint de tuer ma mère et mon frère. Ensuite, je suis allé dépenser cet argent maudit avec des femmes. J'ai voulu étouffer les cris de ma conscience dans toutes sortes de plaisirs, mais je n'y suis pas parvenu. Depuis, toute chose a pris pour moi le goût et la couleur du sang. Durant le jour, je ne connais plus la paix et, durant la nuit, ce n'est que cauchemar. Chaque jour de ma vie, je me maudis et pense à mourir. Certainement, toi aussi tu vas me maudire. — Non, lui dit Jésus, je ne te maudis pas. Je pleure avec toi sur tes grands péchés et je les prends sur moi. » Puis, étendant sa main au-dessus de la tête de l'homme qui pleurait, Jésus pleura avec lui et fit cette prière : « Père, pour lui aussi mon sang sera versé. En attendant cette heure, voici pour lui mes larmes et ma prière. Puisque tu as remis tout jugement entre mes mains et que celui-ci se repent sincèrement, que ses nombreux péchés lui soient maintenant remis ! » Après quelques instants de silence, Jésus se pencha et aida l'homme à se relever. Puis il lui déclara d'une voix ferme « Tes péchés t'ont été remis par Dieu. À toi maintenant d'expier par une vie de pénitence ce qui demeure encore actif sur la terre de tes anciennes fautes. » L'homme lui demanda : « Si Dieu m'a pardonné, qu'en est-il du pardon de ma mère et de mon frère qui sont morts ? » Jésus lui répondit : « Ce que Dieu pardonne, tous ceux qui sont de Dieu le pardonnent également. Va donc en paix et, désormais, nc pèche plus ! » L'homme embrassa la main de Jésus et se retira le cœur enfin dans la paix.

Lorsque Jésus revint vers ses disciples, l'un d'eux lui demanda : « Pourquoi cet homme qui se jugeait impardonnable s'était-il à ce point enfoncé dans le péché ? » Jésus lui répondit : « Parce qu'il avait perdu de vue la Loi de sainteté. Dès que, volontairement, l'homme choisit de devenir l'adversaire d'une des Dix Paroles données à Moïse sur le Sinaï, il ouvre grande sa porte au Mauvais. Et quand celui-ci est entré, il est bien difficile de l'en chasser. Le péché est une chaîne par laquelle Satan* vous tient solidement. Mais ayez foi en Moi : je briserai cette chaîne. Je viens vers vous au nom de mon Père et c'est aussi ma volonté : vous arracher à l'esclavage de l'Égypte, c'est-à-dire du péché, et vous revêtir de la grâce céleste. Ainsi, par le Fils vous deviendrez fils dans le Fils et votre liberté d'aimer sera parfaite. » Pierre lui demanda : « Cet homme pécheur, où l'as-tu envoyé ? » Jésus répondit : « Je l'ai envoyé à l'expiation. » Pierre reprit : « Tu veux dire en prison ? — Non, répondit Jésus, je l'ai invité à entrer en pénitence pour le reste de sa vie. » Pierre remarqua alors : « Ce n'est donc pas seulement avec l'eau qu'on purifie ? » Jésus lui dit : « Toute purification véritable se réalise d'abord dans l'Esprit Saint, mais les larmes de ce pécheur repentant, c'est aussi de l'eau ! » Pierre se mit alors à genoux et dit à Jésus : « Rabbouni*, moi aussi je me reconnais pécheur devant toi et je voudrais que tu me purifies. » Jésus se pencha alors vers lui en souriant et l'embrassa sur le front en disant : « Simon, aujourd'hui je te purifie par ce signe de mon amour, mais toi, continue d'avancer humblement sur la voie du salut. Sois bon avec ton prochain, oui, même avec celui qui ne t'aime pas ! » Pierre comprit qu'il lui désignait ainsi l'apôtre judéen qui déclenchait souvent son irritation, l'homme de Kariot.

Le deuil des âmes mortes

71 Ce jour-là, à l'est de Jéricho, passa devant Jésus et les Douze le cortège d'un jeune homme riche qui était gravement malade. Après son pèlerinage à Jérusalem, il revenait en hâte chez les siens pour y mourir. Malgré sa jeunesse, les médecins ne lui avaient laissé aucun espoir de guérison. Deux disciples allèrent le prévenir que le rabbi de Nazareth se trouvait là, mais il refusa de s'arrêter pour le rencontrer. Alors que le cortège disparaissait au loin, Jésus dit au petit

groupe de disciples qui était présent : « La mort est douloureuse pour ceux qui sont riches de biens et jeunes d'années. Elle est pesante d'angoisse pour ceux qui ne croient pas et sont chargés de fautes. Par contre, elle est douce pour ceux qui sont riches de vertus et pauvres en esprit. Comprenez donc que la vie est préparation à la mort comme la mort est préparation à la plus grande vie. Au ciel, on ne regarde pas au nombre des années, mais à la façon dont on a vécu. Les hommes tremblent de devoir mourir, mais combien pensent à vivre de telle sorte qu'ils n'aient pas à trembler à l'heure de la mort ? Dans le monde, on mène le deuil sur les cadavres qui ne sont plus que poussière retournant à la poussière, mais qui pense à pleurer sur les âmes mortes ? Voulez-vous mener un deuil utile ? Pleurez alors sur les vivants cadavres qui vous entourent, ceux qui portent dans leur corps une âme déjà morte. Regardez-les rire, se moquer et ne suivre que la loi de leur propre désir perverti. Ils ont pourtant des parents, des frères et des sœurs, un conjoint, des amis qui les voient dominés par le péché, mais aucun ne pense à pleurer sur eux. Quand ces parents et amis portent le deuil, c'est le plus souvent sur quelqu'un qui leur ressemble et qui est mort en ami de Dieu comme Abraham [CF. IS 41,8]. Ainsi, ceux-là ne pensent jamais à porter le deuil pour leur tout proche qui s'est uni au péché et refuse d'en sortir. Puisque vous voilà prévenus, portez donc le deuil des pécheurs endurcis pour tâcher, s'il est possible, de les ramener à la vie éternelle dont ils se sont détournés. Pleurez et priez sans cesse pour eux. Par tous les moyens qui sont saints, cherchez à les ramener à la lumière. Ainsi, vous attirerez sur vous et sur eux la miséricorde du Père céleste, car, bien plus que vous, votre Père veut le salut de tous les pécheurs et non point leur mort. »

Sur le Décalogue et l'excommunication

72 Comme Jésus et ses disciples étaient arrivés à Emmaüs, un notable vint les prier de bien vouloir entrer dans sa maison pour y prendre le repas. Jésus accepta. Son hôte fit aussitôt venir quelques autres notables parmi ceux qui attendaient dans l'espérance le Messie*, consolateur d'Israël. Au cours du repas, l'un des convives, qui se nommait Hermas, déclara à Jésus : « Rabbi*, jusqu'à ce jour, nous ne te connaissions que par ouï-dire. À présent, nous souhaiterions entendre de tes propres lèvres ce qu'est ton enseignement. » Jésus lui dit : « Mon enseignement est simple et mon joug léger. Connais-tu les Dix Paroles qui furent données à Moïse sur le Sinaï ? » L'autre répondit : « Oui, les voici : "Écoute, Israël : N'adore pas d'autres dieux que Dieu seul. Ne blasphème pas son saint Nom*. Ne profane pas son saint Jour. Ne déshonore pas tes parents. Ne tue pas. Ne commets pas d'adultère. Ne vole pas. Ne mens pas. Ne désire pas la femme de ton prochain. N'envie pas le bien d'autrui" [CF. DT 5, 7-21]. » Jésus lui dit alors : « Tu as

bien parlé. Ces saintes Paroles sont les dix colonnes du temple de l'âme. Au fronton de ce temple resplendit l'or d'un commandement unique qui les résume tous : "Aime ton Dieu et aime ton prochain." Mon enseignement consiste dans l'observation précise de ces Paroles par amour de Dieu et dans la pratique constante de la miséricorde envers le prochain. Ce sont là les grandes lois de mon Royaume. » Hermas lui répliqua : « Mais, en ce cas, ton Royaume n'est que spirituel. Que fais-tu donc du rétablissement d'Israël, qui est une œuvre réservée au Messie qui doit venir ? » Jésus lui répondit : « Vos pensées sur le Messie sont abaissées à la mesure de l'homme terrestre et non élevées à la mesure du Père du ciel. Mon Royaume est du ciel et je suis venu rétablir la vraie puissance du peuple d'Israël en le libérant de ses nombreux péchés. Si vous écoutez ma voix, vous marcherez librement à la tête de tous les peuples vers le Royaume de mon Père céleste. »

Comme la fin du repas approchait, un autre convive du nom de Cléophas lui demanda : « Maître, j'aimerais te soumettre un cas difficile. Notre cité abrite actuellement un homme nommé Joseph. Autrefois, son père répudia sa mère. Elle partit à Antioche et se remaria là-bas. Joseph n'a jamais connu sa mère, car elle fut chassée d'Emmaüs peu de temps après son mariage et sa maternité. Quand Joseph fut lui-même en âge de se marier, il partit pour Joppé* et épousa là-bas une femme qui était une riche commerçante. Leur puissance ne cessant de s'accroître, le couple s'attira de nombreuses jalousies. Des langues malveillantes se délièrent et allèrent raconter au chef de la synagogue que la femme de Joseph était en fait une fille de la première épouse de son père. Malgré son chagrin, Joseph se résolut à répudier son épouse qui, de douleur, mourut peu après. Malgré cela, le tribunal ne pardonna pas à Joseph et l'excommunia comme renégat à la Thora*. Joseph, depuis, a fait appel du jugement auprès du Sanhédrin*. Devant un tel cas, toi, qu'aurais-tu fait ? » Jésus répondit : « Le cas est matériellement grave, puisqu'il s'agit d'une union illicite que la Thora punit d'excommunication [CF. LV 18,9,29]. Cependant, toute faute, pour être une faute de conscience, doit comporter à un moment donné la volonté de pécher. Cet homme a-t-il sciemment péché avec sa sœur ? Non, n'est-ce pas ? Alors, où est la faute, je veux dire la volonté perverse qui fait la faute ? Il reste celle de poursuivre la vie commune avec une fille de sa propre mère, mais tu as dit toi-même que cette femme fut répudiée et en mourut de chagrin. Face à tous ces malheurs, je dis que l'on doit pardonner à Joseph, y compris son acte de répudiation que je condamne comme tel. Certes, Moïse vous l'autorisa, mais seulement en raison de la dureté de vos cœurs, car, à l'origine, Dieu vous a voulu homme et femme unis aussi solidement que votre âme est unie à votre corps. Même si des époux ne sont pas bien accordés, Dieu protège leur sainte alliance contractée devant Lui. Comme vous l'avez vu dans le cas présent, la répudiation favorise l'adultère, les chagrins mortels et les situations familiales troubles et propices à bien des péchés. » Jésus parlait encore quand le beau-père de Cléophas entra dans la salle à manger et dit d'une voix forte : « Je l'apprends à l'instant : le Sanhédrin vient de rejeter l'appel de Joseph et l'a déclaré excommunié de fait et pour toujours de la communauté d'Israël. Il est donc désormais définitivement séparé de notre peuple ! — Où est-il ? » demanda quelqu'un. Le beau-père de Cléophas répondit : « Il est là, dehors, et il pleure. Cet homme est désespéré, car non seulement il va être chassé de partout comme un lépreux et perdre tous ses biens, mais il sera considéré par tout Israël comme un maudit bon pour la Géhenne éternelle. Que voulez-vous qu'il fasse ? » Jésus alors se leva de sa place et, sans un mot, sortit de la salle. Arrivé sous le porche de la maison, il aperçut l'homme assis à l'écart et pleurant. Venant tout près, Jésus lui tendit les mains en disant : « Joseph, personne ne t'a pardonné ? » Levant la tête, l'homme lui répondit : « Non, des prêtres* et des Pharisiens*, personne ! Mais toi, qui es-tu ? » Jésus lui répondit : « Je suis la Miséricorde et la Paix ! » L'autre reprit : « Pour moi, il ne peut plus y avoir de miséricorde et de paix en cette vie ni dans l'autre ! » Jésus lui dit : « Dans le sein du Père céleste, il y en aura toujours pour ceux qui pleurent avec un cœur de pauvre. Viens, relève-toi et laisse-moi te conduire à la Paix. — Mais qui es-tu, Seigneur ? — Je te l'ai déjà dit : la Miséricorde et la Paix. Je suis Jésus qui peux te sauver, si tu crois. Comme le Baptiste l'a déclaré devant tout Israël, je suis l'Agneau de Dieu qui enlève les péchés du monde. Voici que maintenant te sont pardonnés tes péchés et ton involontaire impureté. Si tu gardes fidèlement ma parole, tu retrouveras bientôt la paix sur la terre et, à ton heure, tu entreras toi aussi dans la vie éternelle du ciel. Je suis l'Agneau sans tache, mais je ne fuis pas les brebis blessées dans la crainte de me contaminer. Au contraire, je les cherche et les conduis par des chemins paisibles et sûrs. Ils sont malheureusement nombreux les fils d'Israël qui, victimes d'un jugement trop sévère du Sanhédrin, sont entraînés à une ruine complète et au désespoir. Malheur à ceux qui, par leur rigueur intransigeante, amènent ainsi des esprits créés par Dieu à désespérer de sa bonté de Père ! Ceux-là ne servent pas les intérêts de Dieu, mais de Satan*. »

Après ces paroles, Jésus aida Joseph à se relever et l'entraîna dans la salle. À la surprise de tous, il lui fit prendre sa propre place à table en lui disant : « Tu es épuisé. Tiens : bois et mange ! Demain, tu viendras avec moi. Quand ton esprit aura retrouvé la paix, tu choisiras calmement ta route future. Pour l'heure, tu ne le pourrais pas. » Ensuite, Jésus se mit à le servir lui-même à table. Après quoi, il dit aux convives sidérés : « Voilà mon enseignement ! C'est précisément cela et non autre chose. Je ne me satisfais pas de seulement le prêcher, mais je le mets moi-même en pratique. Tous ceux qui ont faim et soif de Vérité et d'Amour, qu'ils viennent donc à Moi et je leur donnerai moi-même à manger ! »

La prescience du Christ et la Providence

73 Alors qu'ils étaient dans la région de Iamnia, au sud du port de Joppé*, Thaddée fit cette réflexion à Jésus : « Seigneur, j'ai remarqué qu'en bien des occasions tu ne te laissais pas surprendre par les événements. Même nos pensées les plus secrètes, tu sembles les lire avant même que notre cœur les ait complètement formulées. Est-ce bien la vérité ? » Jésus lui répondit : « Rien ne peut demeurer caché à la Lumière, puisqu'elle est venue en ce monde pour l'éclairer et le sauver. Je suis venu pour un jugement, de sorte que le péché soit reconnu et rejeté, et que la justice selon Dieu soit reconnue et pratiquée. Je n'ignore donc rien de ce qui doit arriver, sauf les cas où mon Père en dispose autrement. » Comme Judas de Kariot avait entendu, il s'avança et objecta à Jésus : « Il t'arrive pourtant de faire des erreurs, puisque tu nous as plusieurs fois conduits dans des cités qui se sont montrées tout à fait hostiles à ta parole. » Jésus le regarda un instant en silence, puis lui répondit : « Ces visites ne furent pas des erreurs, mais des nécessités découlant de ma mission. Ce sont les malades qui ont besoin du médecin et ce sont les ignorants qui ont besoin du maître. Si le médecin et le maître sont bons, ils iront non seulement vers ceux qui les appellent, mais aussi vers ceux qui ont le plus besoin de leurs services. Tu voudrais, Judas, que là où je me présente, toute résistance tombe et que tous les cœurs s'ouvrent immédiatement aux paroles de

ma bouche. Mais la vérité du Ciel ne s'impose pas comme le tonnerre. C'est une parole d'amour qui se propose humblement, sans violence et sans artifice. Tout homme est libre d'accueillir cette parole ou de continuer son chemin. Mais moi, je me dois d'aller à tout homme, surtout s'il est pécheur, méprisé de tous et prisonnier du Mauvais. C'est pour ceux-là d'abord que le Père m'a envoyé ! » Simon Pierre dit alors à Jésus : « Maître, non seulement tu connais tout, mais ta seule présence écarte de nous mille pièges et mille mauvais coups que voudraient nous porter tes ennemis. Nous autres qui te suivons depuis longtemps, nous pouvons en témoigner. » Jésus lui répondit : « Simon, ce que tu as vu est bien vu, mais cela ne devrait pas t'étonner. Le Père connaît votre faiblesse et ne charge pas lourdement vos épaules. Votre heure d'épreuve viendra, mais ce n'est pas encore le temps. Jusqu'à cette heure, des forces mauvaises continueront de se lever chaque jour contre vous, mais n'ayez crainte : elles ne pourront ni vous arrêter, ni gravement vous blesser. Votre Père vous aime et envoie chaque jour près de vous des anges secourables pour vous garder de tout faux pas, pour imposer une douceur momentanée aux bêtes fauves et aux hommes fauves, pour repousser au loin les maladies de l'esprit et écarter les plus grands dangers. Ce qui vous est seulement demandé à vous, c'est la foi de l'enfant qui aime sans retour sur lui-même, en toute pureté et simplicité. Voyant que vous vous perdez ainsi vous-mêmes au service de son Royaume céleste, le Père se trouve comme obligé de vous garder dans toutes vos voies qui, en vérité, sont alors mes voies. »

Au Temple, promesse de l'Eau vive

CF. JN 4,14 ; 7,37-38

74 Au dernier jour de la fête des Tentes, au début de l'automne, Jésus se rendit au Temple pour y prier. En ressortant par la Belle Porte, il s'arrêta un moment dans la Cour des Païens. Comme il se tenait là, debout près du Portique de Salomon, beaucoup le reconnurent. La foule des pèlerins s'approcha comme elle l'aurait fait pour un autre rabbi et se mit en demi-cercle devant lui, espérant qu'il leur donnerait un enseignement. Jésus les regarda tous, puis, d'une voix forte, se mit à proclamer : « Voici venir le jour, comme dit l'Écriture, où "une Source va s'ouvrir en faveur de la Maison de David et des habitants de Jérusalem, pour [laver] le péché et l'impureté" [ZA 13,1]. Je suis cette Source de salut que Dieu vous donne. Que celui qui a soif vienne à moi et qu'il boive ! Que celui qui croit en moi prenne gratuitement de l'Eau vive pour être purifié de ses péchés ! Vous tous qui êtes les fils d'un même Père, devenez purs comme Lui est pur, devenez saints comme Lui est saint. Alors, dans le Fils, vous deviendrez le vrai Temple nouveau, non bâti de mains d'hommes, qui subsistera à jamais. Du côté droit de ce Temple coulera une Eau vive [CF. EZ 47,1], qui sera pour toute

la terre. Tous ceux qui entreront dans cette Eau vive seront vivifiés [CF. EZ 47,9]. Tous ceux qui refuseront de croire et qui ne seront pas baptisés dans cette Eau vive resteront dans leurs péchés. Du fait de l'endurcissement de leurs cœurs, ils deviendront comme "une terre salée inhospitalière" [JR 17,6]. En vérité, heureux est-il celui qui, dès aujourd'hui, met toute sa foi dans le Seigneur et dans la parole de son Messie. Celui-là est comme un arbre planté près des eaux, qui pousse ses racines vers le courant, et qui n'a pas à craindre l'arrivée de la chaleur ou de la grande sécheresse [CF. JR 17,7-8]. Que ceux parmi vous qui ont des oreilles pour entendre, qu'ils entendent ! » Dans la foule, beaucoup murmuraient : « C'est certainement lui, le Prophète annoncé autrefois par Moïse et annoncé en nos jours par Jean le Baptiste ! » Même les gardes du Temple n'osaient pas l'interrompre et porter la main sur lui, car ils disaient : « Jamais homme n'a parlé comme cet homme ! »

Jésus réconforte un jeune homme

75 Jésus se trouvait depuis environ deux heures dans la maison de Zachée, à Jéricho. Là, il répondait aux questions des nouveaux disciples de cette cité. Remarquant l'un d'eux qui n'avait pas encore parlé, un jeune homme d'une vingtaine d'années, il s'en approcha et lui dit : « N'aurais-tu rien à me dire ? »

Le jeune homme, gêné, le regarda, mais n'osa pas lui répondre. Alors Jésus lui dit avec bienveillance : « Tu te crois seul, mais, en vérité, tu ne l'es pas. Tu te crois haï des hommes et réprouvé de Dieu, mais, en vérité, tu ne l'es pas. Viens avec moi dans l'autre pièce. Je voudrais te dire un mot en particulier. » Le jeune homme se leva et le suivit. Quand ils furent seuls, Jésus lui dit : « Voici ce que je veux te dire : la vie t'a beaucoup éprouvé ; les hommes t'ont gravement nui. Derrière ceux qui t'ont fait du mal se tenait Satan*, qui est envieux de ton âme. Mais, depuis le début, le Seigneur t'a aimé et son Œil a veillé sur ton âme. Son Regard béni a toujours arrêté tes ennemis chaque fois qu'ils allaient faire de toi une ruine irréparable. C'est encore sa Bonté qui a envoyé Zachée sur ta route, et lui t'a conduit à moi, la Source du salut. Maintenant que tu m'as trouvé, je te demande de ne plus revenir sur tes mauvais souvenirs, car ils rendent ton cœur amer. Pardonne à ta mère qui n'a pas su t'aimer et pardonne à ton maître infâme. Surtout, mon enfant, pardonne à toi-même. Fais cesser en toi cette mauvaise haine. Tu peux haïr le temps où tu te livrais au péché, mais non pas ton âme qui a su quitter le péché. Que ta pensée d'aujourd'hui devienne l'amie de ton âmc ! Désormais, marche en la présence du Très-Haut et sois parfait ! » Le jeune homme lui répondit avec tristesse : « Seigneur, je viens de trop bas. La perfection dont tu parles n'est pas pour moi. » Jésus lui dit : « Il est vrai, tu as fait tort à beaucoup, mais tu répareras avec de l'amour et des œuvres d'amour. Et, sache-le une bonne fois, même si tu portais sur toi tous les crimes de la terre, si tu le veux vraiment, tu peux revenir vers le Père des cieux et obtenir son pardon. Que tout pécheur vienne donc à moi et me donne son esprit, et moi je le mettrai dans mon Cœur ! Alors, ensemble, nous irons au Sacrifice du salut. Le sang de mon Cœur lavera son iniquité et lui redeviendra pur comme à l'origine. En moi, il sera reconnu comme fils et ami du Père alors qu'avant mon Sacrifice il était esclave du Mauvais et ennemi de Dieu. » Le jeune homme lui demanda : « Tu parles comme si tu allais être à la fois le prêtre sacrificateur et l'agneau sacrifié. Comment une telle chose est-elle possible ? » Jésus lui répondit : « Tu as bien compris : pour toi et pour tous les hommes, le Fils de l'homme livrera lui-même sa vie, se faisant intercesseur pour tous et victime pour tous. Ainsi, une fois pour toutes, la voie du Royaume d'en haut sera ouverte aux fils d'Adam. En ce jour-là, le culte sanglant du Temple deviendra caduc, car il sera parfait l'Agneau du Sacrifice et elle sera définitive son offrande qui vous donnera la vie éternelle. » Le jeune homme reprit : « Tu parles comme si tu allais marcher librement au supplice. Seigneur, une telle mort est pour nous, les pécheurs, non pour toi qui es saint ! » Mais Jésus lui dit : « En vérité, je te le dis, je dois glorifier mon Père sur l'autel d'une croix d'infamie, être "méprisé et délaissé des hommes" [IS 53,3], être "mené comme un agneau à l'abattoir" [IS 53,7], être "exclu de la terre des vivants" [IS 53,8], mais le troisième jour, les justes de mon peuple verront ma Victoire sur toutes les puissances de mort [CF. IS 53,11-12]. » À ces paroles, le jeune homme se pencha vers Jésus et se mit à pleurer d'émotion et de reconnaissance sur sa poitrine. Jésus lui dit doucement : « Ne pleure pas, mon enfant ! C'est l'Amour qui m'envoie et qui me conduit à cette extrémité. C'est un tourment, mais comme j'aspire à son accomplissement, car il ouvrira la vie éternelle à tous les justes ainsi qu'aux pécheurs qui accepteront de renoncer à leur voie de mensonge ! » Jésus tint le jeune homme dans ses bras jusqu'à ce qu'il ait fini de pleurer. Puis, le prenant par la main, il le reconduisit dans la pièce principale, au milieu des autres disciples.

La résurrection de Lazare

CF. JN 11,1-45

76 On avait passé la fête de la Dédicace* et l'hiver était déjà là. Jésus se rendit dans le village de Béthanie, voisin de Jérusalem, car son ami Lazare venait d'y mourir. Dans l'espoir de sa prompte venue, ses sœurs avaient attendu toute une journée avant de l'enterrer. Maintenant, cela faisait le troisième jour depuis qu'on l'avait déposé dans le tombeau. Quand Marthe, l'une des sœurs de Lazare, rencontra Jésus, elle lui dit : « Seigneur, si tu avais été là, mon frère ne serait certainement pas mort. Mais maintenant encore, je sais que tout ce que tu demanderas à Dieu, Il te l'accordera. » Jésus lui répondit : « Ton frère ressuscitera. » Marthe lui dit : « Je sais qu'il

ressuscitera au dernier jour. » Jésus lui dit alors : « Je suis la résurrection ! Celui qui croit en moi, même s'il passe par la mort, vivra d'une vie éternelle. Crois-tu cela ? » Marthe acquiesça et partit chercher sa sœur Marie, celle qui avait souvent résidé à Magdala avant sa conversion. Marie rejoignit Jésus non loin du tombeau. De la même façon que sa sœur, elle lui exprima son grand regret de leur arrivée tardive à Béthanie. Elle ne put en dire davantage et se mit à pleurer comme tous ceux qui l'accompagnaient. Jésus en fut troublé et, quand il fut arrivé devant le tombeau, il pleura lui aussi.

S'approchant encore plus près, il ordonna qu'on fasse ôter la pierre. Comme les serviteurs de la maison hésitaient à lui obéir, Marthe crut bon d'expliquer : « Seigneur, il sent déjà, car cela fait quatre jours qu'il est mort. » Mais Jésus lui répondit : « Ne t'ai-je pas dit que, si tu croyais, tu verrais la gloire de Dieu ? » Quand le tombeau fut enfin rouvert, Jésus leva les bras et les yeux vers le ciel, et se mit à prier son Père. Après quoi, il cria d'une voix forte : *« Lahazar, qoum ouaphouq ! »*, ce qui se traduit de la langue araméenne par : « Lazare, lève-toi et sors ! » À cet appel, le corps de Lazare reprit vie et se releva lentement. Tout chancelant, il sortit du sépulcre les mains et les pieds encore liés de bandelettes, le visage encore couvert de son suaire. Jésus dit aux serviteurs : « Déliez-le, donnez-lui un manteau et laissez-le aller ! » Quand Lazare fut remonté sur le terre-plein, il vint se jeter aux pieds de Jésus pour le remercier et l'adorer. Jésus se pencha, le releva et le serra avec affection contre lui en lui disant : « Que la paix et la joie soient avec toi, mon ami ! » Après quoi, Marthe et Marie s'approchèrent et vinrent à leur tour embrasser leur frère. La foule, frappée de stupeur, s'écarta pour les laisser passer et tous ceux de la maison les suivaient. Beaucoup pleuraient, mais cette fois sous le coup de l'émotion et de la joie. On était encore au troisième jour après la mise au tombeau du défunt et le début du jour suivant n'avait pas encore commencé à poindre.

Dès qu'ils furent dans la maison, Jésus voulut servir lui-même de la nourriture à Lazare, qui mangea comme un homme en bonne santé. Après avoir repris des forces et rendu grâce, il vint se prosterner devant Jésus et lui dit : « Mon Seigneur, tu m'as secouru ! Voilà que j'étais passé dans un autre monde et ta parole puissante m'a ramené sur la terre des vivants. Que ton Nom soit béni ! » Jésus l'invita à se redresser. Lazare se mit alors à genoux devant lui. Jésus posa la main droite sur sa tête et souffla sept fois sur lui en prononçant ces paroles : « Lazare, sois purifié des souillures du tombeau ; sois pardonné de toutes tes fautes ; ne te laisse jamais vaincre par l'esprit du mal, mais, dans ton temple relevé, fais bon accueil à l'Esprit Saint ! Désormais, sers avec sainteté mon Père qui, aujourd'hui, t'a fait goûter son salut ! »

La résurrection de Lazare bouleversa beaucoup de gens. Elle convainquit ceux qui doutaient encore, mais elle remplit d'une rage meurtrière ceux qui, jusqu'à présent, souhaitaient simplement l'arrestation du Nazaréen. Sans encore oser s'attaquer directement à lui, ils se mirent à persécuter ses partisans dans tout le pays. Lazare lui-même dut se cacher quelque temps dans sa propre maison. Parmi les Douze, Judas se montrait le plus hardi en présence des Pharisiens hostiles. Très sûr de lui, il s'entretenait avec eux comme d'égal à égal, mais sans se rendre compte que, déjà, il reniait souvent son Maître par des propos indiscrets ou nettement exagérés.

Plus tard, un disciple posa cette question à Jésus : « Seigneur, pourquoi as-tu pleuré avec nous à Béthanie, puisque tu savais d'avance que tu allais relever Lazare d'entre les morts ? » Jésus lui fit simplement cette réponse : « Je m'afflige avec les affligés ! »

Jésus est condamné à mort par contumace

CF. JN 11,47-54

77 Mis par la résurrection de Lazare devant le fait accompli d'un prodige considérable, les soixante et onze membres du grand Sanhédrin* se réunirent d'urgence pour juger le cas de celui qu'ils appelaient dorénavant « le faux prophète de Nazareth ». Inquiets de ses indéniables pouvoirs et des diverses protections dont il jouissait dans le peuple, chez quelques notables et même du côté de l'occupant romain,

ils préférèrent le juger par contumace. Il serait toujours temps de l'arrêter plus tard, quand surviendrait une occasion favorable de le faire discrètement et d'obtenir en même temps la nécessaire caution du pouvoir civil romain. Nicodème, qui était un Pharisien* très respecté, tenta malgré tout l'objection suivante : « La Thora* peut-elle condamner un homme à la mort sans que celui-ci ait la possibilité de s'expliquer lui-même devant le grand Tribunal ? » Sans s'arrêter à son objection, ils votèrent à la majorité plus deux voix la peine capitale à l'encontre du Nazaréen, celle qui est prévue par la Loi mosaïque pour tout blasphémateur avéré [CF. LV 24,16]. À partir de ce moment, et durant quarante jours, le Sanhédrin fit circuler à Jérusalem et dans ses environs un crieur public chargé d'annoncer ce message au peuple : « Jésus le Nazaréen va bientôt être saisi pour être mis à mort. Le grand Tribunal l'a reconnu coupable de magie avec incitation secrète et ouverte à renier le culte du Dieu unique et véritable. Quiconque lui connaîtrait cependant un mérite à décharge est prié de le faire rapidement savoir ! » [CF. *TALM. BABL.*, SAN 43A.] De plus, les grands prêtres* et les Pharisiens firent proclamer un avis complémentaire dans les principales synagogues du pays : quiconque saurait précisément où se trouvait le dangereux magicien devait venir discrètement les prévenir. Cette dernière invitation avait convaincu Judas d'agir sans trop tarder, mais il espérait bien pouvoir monnayer ses services auprès de ses nouvelles relations pharisiennes.

Désormais donc, Jésus s'abstint d'aller et de venir publiquement, surtout dans la région des Judéens. Il n'envoyait plus de disciples devant lui pour annoncer son arrivée prochaine dans une cité. Lui et les siens ne voyageaient plus que par petits groupes et souvent seulement à partir de la tombée du jour.

Les oppositions se durcissent

78 Non loin d'une cité caravanière, à l'est de la Mer Salée*, Jésus fut reconnu par des pèlerins qui se rendaient à Jérusalem. Beaucoup voulurent se faire bénir par lui. Certains, qui avaient encore foi en lui, osèrent lui présenter des malades pour qu'il leur impose les mains et les guérisse. Comme il venait de redresser un enfant qui souffrait depuis sa naissance d'une grave difformité, l'un des pèlerins s'adressa à un scribe* qui était présent et lui dit : « En vérité, si cet homme a agi par la puissance de Satan*, en ôtant le malheur à une famille et en nous faisant tous louer la bonté du Très-Haut, il faut reconnaître que Satan est devenu un bon serviteur de Dieu ! » Horrifié de telles paroles, le scribe lui répondit : « Tais-toi, tu blasphèmes ! » L'autre lui répliqua : « Je ne blasphème pas. Je "réfléchis pour trouver le bonheur" [PR 16,20]. Comment se fait-il que les enseignements de vos semblables fassent peser sur nos épaules un joug si lourd ? Serions-nous donc de plus grands pécheurs que les païens qui nous entourent ? Et comment se

fait-il que vos conseils nous entraînent à craindre Dieu plutôt qu'à l'aimer ? Si maintenant tu examines le Rabbi de Nazareth sans partialité, tu verras que sa parole donne la paix et que ses œuvres attestent que Dieu est bon. » Le scribe répondit : « Je ne sais qu'une chose, c'est que le Sanhédrin* l'a reconnu coupable de blasphème et qu'il cherche à s'en emparer. » Comme Jésus s'était approché, un Judéen l'interpella et lui demanda : « Maintenant, que comptes-tu faire ? » Jésus lui répondit : « Tant que mon Heure ne sera pas venue, je parlerai à ceux qui demandent ma parole. » L'homme objecta : « Cela ne t'est plus permis, car le Sanhédrin veut t'arrêter. Si tu ne te tais pas, ils sauront vite où tu te caches et tu mourras. » Jésus lui fit alors cette réponse : « En vérité, je vous le dis, mon nom est Parole, et tant que la Parole est dans le monde, elle doit se faire entendre et témoigner de la Pensée du Père. » L'homme reprit : « Si tu étais vraiment ce que tu dis, tu ne souillerais pas ton enseignement en le donnant aussi aux Samaritains et aux pécheurs notoires ! » Jésus lui répondit : « Je le donne à tout homme qui l'écoute : aux Judéens et aux Galiléens d'abord, mais aussi aux Samaritains et aux pécheurs, car tous les hommes sont aimés de Dieu et tous sont appelés à se convertir pour entrer dans le Royaume des cieux. » Le scribe, qui au début avait parlé au pèlerin, prit alors la parole et dit à Jésus : « Essaie donc de venir nous parler en Judée, si tu l'oses ! Ignores-tu donc que nous... — Que vous me haïssez ? Oui, je connais votre haine, mais à moi, il me suffit d'être aimé de mon Père. C'est Lui qui m'envoie vers vous comme l'agneau au milieu des loups. Pour un peu de temps, l'Agneau de Dieu habitera avec les loups sur la sainte Colline [CF. IS 11,6], puis il sera immolé en rémission des péchés, comme les Écritures l'ont annoncé. Quand la Parole se sera tue, le Temple tremblera et, vous aussi, vous tremblerez, car ce sera l'heure du Passage du Seigneur, une heure grave et terrible pour tous les fils des ténèbres ! » Aussitôt après ces paroles, Jésus s'éloigna de la foule et se retira seul dans la montagne pour y prier longuement.

Enseignement sur le salut des païens

79 En ces jours-là, pour se prémunir des Judéens, Jésus circulait en Décapole*, à l'est du Jourdain, avec ses apôtres et quelques femmes, dont une jeune prosélyte* grecque nommée Syntychia. Comme ils s'étaient arrêtés dans une cité pour y passer le sabbat*, Syntychia s'approcha de Jésus, s'agenouilla devant lui en sanglotant et lui dit : « Maître, mon esprit est profondément troublé. Il me semble que le fait de croire à ton Royaume céleste me coupe pour toujours des êtres chers que j'ai aimés et qui sont morts. Ma mère était totalement païenne à vos yeux d'israélites. Pourtant, ce fut la meilleure des mères et sa bonté rayonna sur beaucoup. Quand je croyais à l'Hadès* de nos Anciens, je me disais : "Nous nous reverrons", mais, à présent, si l'Hadès n'existe pas et seulement le Royaume des

cieux, je m'inquiète pour le sort des miens, et surtout pour ma mère. Est-ce sa faute si elle est née grecque ? Est-ce la faute des nôtres si aucun de vos prophètes n'est jamais venu en Grèce nous annoncer le seul vrai Dieu et sa parole de vérité ? Seront-elles comptées pour rien ses vertus et ses souffrances ? Comment pourrais-je jamais me réjouir de marcher vers la Lumière éternelle si mes proches, ceux dont j'ai tant reçu, doivent demeurer dans d'éternelles ténèbres ? Voilà, Maître, la raison de mon tourment. Je te le confie, car toi, tu comprends le cœur de tous les humains. » Jésus posa sa main sur la tête de la jeune femme et lui dit : « Sois dans la paix, ma fille, car le vrai Dieu est autant le Père des Juifs que celui de tous les autres hommes. Même à travers les erreurs de ceux qui ne connaissent pas son Nom*, il réussit à faire passer sa lumière. C'est elle qui pousse les esprits droits vers le bien. Ainsi, la vertu de ta mère n'est ni grecque ni juive, elle est uniquement de Dieu. Tant que les païens n'auront pas reçu la bonne nouvelle du salut qui vient des Juifs, s'ils observent la religion de leurs pères avec piété et droiture, le Dieu de toute miséricorde les accueillera comme des enfants pauvres, mais bénis. Il ne repousse que les cœurs égoïstes et mensongers, ceux qui font le mal en se mettant au-dessus de toute loi. Ceux-là sont fils du diable et, s'ils ne se repentent pas, ils tomberont dans une mort éternelle. Toi, tu as embrassé la vérité tout entière en acceptant de marcher à ma suite. En buvant à la Source des eaux célestes, tu fais non seulement du bien à ton âme, mais aussi à celle de ta mère qui attend, avec tous les autres justes depuis Adam, de pouvoir entrer dans la pleine joie de Dieu. Tes larmes accompagnées de prières lui sont profitables, car, en s'étant rapprochée de Dieu par une vie droite, elle est devenue encore plus accessible qu'avant sa mort à tout bien spirituel que tu voudrais lui prodiguer. Ainsi, mon enfant, loin de te couper de ta mère, je t'en rapproche par le meilleur d'elle-même et de toi-même. En vérité, je te le dis, il existe beaucoup de chemins pour entrer dans le Royaume de mon Père, mais tous passent par Moi, car je suis venu racheter les hommes de toutes les nations et de tous les temps. C'est donc aussi pour ta mère et pour toi que j'offrirai bientôt mon sacrifice. Va maintenant sans crainte, et que la paix de Dieu demeure sur toi et tous les tiens ! » Réconfortée par ces paroles, la jeune femme se retira en louant le Dieu très haut qui sait se montrer aussi miséricordieux envers le petit qu'envers le grand, envers le païen qu'envers l'israélite, envers la femme qu'envers l'homme.

Jésus révèle son mystère à un païen

80 Vers cette époque, alors que Jésus circulait à l'est de la Mer Salée* pour éviter d'être arrêté avant son Heure, un notable païen originaire d'Arabie vint le trouver en secret. Il lui posa d'abord cette question : « Toi qui es un grand prophète en Israël, quel regard portes-tu

sur notre culte et notre foi ? » Jésus lui répondit : « Le Dieu des Juifs est le même que le Dieu des nations, car il n'est qu'un seul Dieu, Seigneur et Maître de toutes choses. Les païens possèdent des morceaux du véritable calice, mais ils ignorent que leurs vases sacrés sont fissurés et laissent échapper une partie de l'eau vive. Il existe des altérations qui ne conduisent pas au mal, mais il en est d'autres qui nuisent gravement à la marche des hommes vers leur salut. Comme vous n'avez qu'une seule vie sur la terre, n'ayez qu'un seul Dieu, votre Créateur qui est au ciel. Comme vous n'avez qu'un seul cœur dans votre corps, n'ayez qu'une seule femme et aimez-la comme votre propre chair. Entre époux, cultivez la continence associée au travail et à l'entraide mutuelle. Considérez tout être humain comme faisant partie de votre famille. Ne maltraitez personne, pas même les animaux. Envers votre prochain, ami comme ennemi, pratiquez la justice, la bonté et la prière. Tous autant que vous êtes, vous n'avez qu'un seul Dieu et Père qui est invisible et qui ne cesse de vouloir votre paix véritable. La vie filiale avec Lui commence déjà sur la terre si l'on demeure fidèle à sa volonté, et elle se goûte pour toujours dans les cieux. Je suis le Fils véritable du Père céleste. Je suis le seul Chemin vers cette vie éternelle pour laquelle l'homme a été créé. Celui qui garde ma parole trouvera la vraie vie, celle qui demeure au ciel pour toujours. Avant que le monde soit, j'étais déjà auprès de Dieu mon Père. Il prononçait mon être avec bonheur et nous étions ce que nous sommes et serons toujours : Un parfaitement Un, rayonnant d'amour. Tu ne peux encore comprendre cela, mais un jour l'Esprit Saint viendra sur toi et te conduira vers la vérité tout entière.

En attendant, prie humblement chaque jour mon Père céleste, et Il te le rendra. Tu pourras lui dire :

"Père céleste miséricordieux, Roi de l'univers,
que tous les hommes apprennent à te connaître,
que ton règne juste et bon s'étende partout sur la terre,
que ta sainte volonté devienne notre propre volonté.
Donne-nous aujourd'hui la nourriture qui nous convient,
pardonne-nous nos offenses comme nous les avons nous-mêmes pardonnées à ceux qui nous ont fait du mal,
écarte notre pied des chemins dangereux,
et délivre-nous des attaques du Mauvais,
car toi seul peux tout, toi seul es bon,
toi seul règnes pour l'éternité,
avec ton Fils bien-aimé et l'Esprit de sainteté. Amen." »

Après un moment de silence, le notable païen dit à Jésus avec gravité : « Selon toi, dois-je désormais adopter la religion des Juifs ou bien puis-je corriger pour moi-même et les miens les erreurs de notre propre religion ? » Jésus lui répondit : « Le premier autel de la vraie religion, c'est ton propre cœur. Purifie-le d'abord avant de vouloir changer la foi des tiens. » L'homme répliqua : « Comment pourrais-je me purifier alors que j'habite parmi des impurs et que je suis moi-même impur ? Car je dois te l'avouer : je n'arrive pas à pratiquer fidèlement ce qui est juste, même si je décide de le faire ou qu'on me le commande. » Jésus lui répondit : « Nul, en effet, ne peut se libérer soi-même de ses fautes et de ses liens, car depuis les premiers temps de sa création, du fait d'un premier péché qui l'a blessé, l'homme tend spontanément à s'éloigner de son Créateur pour se placer sous la domination d'un ange rebelle. Cet ange et ceux qui lui ressemblent ne veulent que d'un bonheur proportionné à ce qu'ils sont depuis le début et ils rejettent avec haine tout autre bonheur que Dieu voudrait leur proposer au prix du Oui de tout leur être. Pour permettre cependant aux créatures humaines qui le désirent vraiment de se libérer du mal et d'entrer dans l'intimité divine, le Père céleste a envoyé sur terre son propre Fils auquel il a donné un corps et une âme d'homme, par le ministère d'une vierge exempte de toute inclination au mal. Par elle, le Sauveur des hommes est né à Bethléem de Judée et les premiers à l'honorer furent d'humbles bergers juifs et d'humbles savants païens. Ce Sauveur est maintenant devant toi et c'est lui qui te parle. » L'homme s'écria alors : « Seigneur, je crois que tu peux me sauver. Conduis-moi donc, je te prie, jusqu'à ton Père invisible, puisqu'il est notre vie ! » Jésus lui répondit : « Si tu crois, tu verras les cieux ouverts et tu graviras l'échelle du paradis. Auparavant, il te faudra supporter beaucoup de tribulations, mais garde les yeux fixés sur le Messie des Juifs. À Jérusalem, lorsqu'il aura été élevé sur l'autel de sa croix et offert en sacrifice, sache que ta propre libération aura commencé. Bientôt, après ces événements, l'un de mes disciples viendra dans ton pays et te donnera un baptême d'eau et d'Esprit. Ce bain lavera tous tes péchés et sanctifiera ton âme. Ce jour-là, tu comprendras mieux comment je suis dans le Père et comment le Père est en moi. En attendant, garde mes paroles et mets-les en pratique. » L'homme répondit : « Seigneur, je crois que tu viens de Dieu et que tu es vraiment le Sauveur des hommes. Bénis-moi et, à travers moi, bénis aussi tous les miens ! » Après avoir ainsi parlé, cet homme qui n'avait jamais vu aucun miracle ni aucune guérison extraordinaire s'agenouilla avec confiance devant son Sauveur. Alors Jésus le bénit en posant ses mains sur ses épaules, puis il l'aida à se relever, car l'homme était âgé. Avant de le quitter, Jésus le serra affectueusement sur son cœur. Le notable d'Arabie se sentit revêtu d'une force surnaturelle et comprit qu'en l'embrassant ainsi le Fils de Dieu embrassait à travers lui tous ses frères non-juifs de toutes les nations et de tous les temps. Bouleversé d'amour et de reconnaissance, il ne put retenir ses larmes.

Parabole du semeur imprudent

81 Quelque temps après la résurrection de Lazare, non loin de son village de Béthanie, Jésus raconta la parabole* suivante à ses disciples : « Un jour, un fils reçut en cadeau de son père un grand sac de semences de blé. Le jeune homme réfléchit à la façon d'en tirer profit à moindres frais. Il décida de se rendre sur son meilleur champ dès que la saison le permettait, et de tout semer en une fois. Il négligea ses autres terres, car elles étaient moins bonnes et moins bien exposées. Impatient de réussir, il ne voulut même pas envisager d'ensemencer son champ à différentes périodes. Bientôt, le blé semé germa et commença à sortir de terre. La récolte promettait d'être très abondante et, dans sa joie, le fils se mit à élaborer toutes sortes de projets d'avenir avec ses amis. Or, une nuit, un violent orage éclata précisément sur la région où se trouvait le champ de blé. La grêle cribla les jeunes pousses, qui furent toutes réduites en poussière. Au matin, voyant l'étendue du désastre, le jeune homme se mit à chercher partout sur son champ les pousses qu'il pourrait sauver, mais il n'en trouva aucune. Alors il se repentit amèrement d'avoir perdu la totalité du cadeau de son père par son manque de patience et de sagesse. »

L'un des Douze demanda à Jésus : « Maître, peux-tu nous ouvrir le sens caché de cette parabole ? » Jésus lui répondit : « Vous n'avez donc pas compris ? Voici que le Père céleste vous a offert sa Parole et sa grâce, pour les faire fructifier. Si vous vous contentez de les semer en une fois dans des cœurs tout disposés, vous risquez également de tout perdre en une fois. La nuit, alors que vous n'y penserez pas, votre adversaire le diable viendra et en un éclair détruira tout votre travail. Par contre, si vous avez eu la sagesse de semer partout et à différents moments, les fruits de votre peine ne s'effaceront pas si facilement. C'est que beaucoup de cœurs aujourd'hui tièdes demain deviendront brûlants, comme beaucoup de cœurs aujourd'hui brûlants demain deviendront tièdes. En effet, nul ne peut s'arroger à lui-même la grâce de la persévérance. Elle n'est donnée qu'aux petits et aux humbles, ceux dont "l'âme est en eux comme un enfant" [CF. PS 131,2]. »

Jésus annonce sa Passion à sa mère

82 Un soir, Jésus quitta Béthanie pour aller prier au Temple, et sa mère s'y rendit également. Elle le suivit de loin. Une fois arrivé au jardin de Gethsémani*, Jésus l'attendit près d'un olivier et lui dit : « Mère, j'ai quelque chose à te dire. Le moment approche où va s'accomplir dans sa totalité la prophétie que Siméon t'adressa autrefois [CF. LC 2,34-35]. Le glaive qui a déjà commencé à te blesser va bientôt te transpercer tout entière. Comme l'annoncent les Écritures, l'un de mes proches va me livrer aux mains

de mes ennemis [CF. PS 41,10 ; 55,14]. On se saisira de moi et on me maltraitera sans aucune pitié. Comme un criminel, on me conduira au supplice. C'est la volonté de mon Père céleste que tu voies tout cela et que tu unisses tes souffrances aux miennes. Ne cesse pas alors d'offrir et d'espérer ! Il faut que le monde sache de quel amour le Père et moi nous l'aimons, et il faut qu'il soit délivré du pouvoir du Mauvais. Au commencement du troisième jour, je me relèverai d'entre les morts et conduirai dans mon Royaume tous les justes depuis l'époque d'Adam jusqu'à celle de Jean. Je me montrerai encore à toi et aux miens durant six semaines, mais après, plus personne ne me verra avec les yeux du corps, car ce sera désormais mon Esprit en vous qui vous conduira à la vérité tout entière. » Marie dit alors : « Je ne suis que l'humble servante du Seigneur. Conformément à ta parole, que la sainte volonté divine s'accomplisse pour notre salut ! Cependant, te faut-il pour cela souffrir autant, et jusqu'à la mort, et jusqu'à la mort ignominieuse d'un criminel ? » Jésus lui répondit avec gravité : « Notre justice ne l'exigeait pas, mais notre amour veut aller jusqu'à l'extrême. Hors de cet amour, le sens de ces jours ne peut se comprendre. Seul celui qui aime sait qu'il n'y a pas de plus grand don que le don total de soi pour ceux qu'on aime. C'est à ce mystère de don et d'intercession que tu es appelée à t'unir selon la grâce particulière de ton appel. » Marie dit alors : « Mon Fils et mon Seigneur, comme déjà ils te haïssent sans cause [CF. PS 35,19 ; 69,5] ! Comme ils te rendent le mal pour le bien [CF. PS 35,12] ! Comme ils tournent le dos à la vérité pour aller vers des mensonges ! Que pouvons-nous donc faire pour les arracher à leurs ténèbres et les rendre pour toujours à la vraie lumière ? » Jésus lui répondit avec grande affection : « Tu es l'Ève nouvelle de l'humanité nouvelle. Appuie-toi donc sur ton Bien-Aimé et monte avec lui sur la sainte montagne [CF. CT 8,5]. Là, dans la douleur, doivent s'enfanter tous les enfants de Dieu. Là aussi est le lieu de ma victoire sur toutes les puissances du mal. Par l'Agneau immolé, l'amour de Dieu se révélera et le salut des hommes se réalisera. Femme, pour un moment, toi-même tu te sentiras abandonnée de tous, mais amen, je te le dis : ma bonté ne se retirera jamais de toi. Fortifiée par la paix que je te donne, laisse maintenant s'accomplir toute justice ! Cette paix d'en haut, les ténèbres qui s'avancent ne pourront pas te la ravir. Jusqu'à la gloire du troisième jour, elle sera ta lumière sur le chemin d'amertume. »

Peu après, ils se séparèrent pour aller prier au Temple. Marie s'arrêta à la cour des femmes. Quant à Jésus, traversant la cour des hommes, il se rendit jusqu'au vestibule donnant sur la grande salle du Hékal*, non loin du Saint des saints*. Comme il faisait déjà sombre et qu'il était seul, le personnel du Temple ne le reconnut pas ce jour-là.

Discours eschatologique

CF. MT 24,1-44 ; MC 13,4-32 ; LC 21,5-40

83 En ces jours-là, des disciples exprimèrent leur admiration pour la beauté du nouveau Temple d'Hérode qui était presque achevé. Mais Jésus leur dit : « De tout cela, il ne restera pas pierre sur pierre. Tout sera renversé. » Un peu plus tard, alors qu'il était assis au Mont des Oliviers sur un banc de pierre faisant face au Temple, quelques-uns des apôtres s'approchèrent pour lui demander en particulier : « Rabbouni*, dis-nous quand ces événements de malheur surviendront et quel en sera le signe précurseur ? » Jésus leur répondit : « Quand vous verrez se dresser nation contre nation et royaume contre royaume, quand vous verrez des libérateurs guerriers venir en proclamant : “Voici l'heure du rétablissement d'Israël et c'est moi votre Messie !”, alors ce sera le signe du commencement des douleurs. Vous-mêmes, vous serez pris en haine à cause de moi. Vous serez persécutés, mis en prison, battus, conduits devant les tribunaux où vous rendrez témoignage de mon Nom. Ne vous inquiétez pas alors de ce que vous aurez à dire, car l'Esprit de votre Père vous inspirera sur le moment tout ce qu'il conviendra de leur répondre. Croyant servir Dieu, ils feront mourir plusieurs d'entre vous, mais ils ne pourront rien contre votre âme et contre la Sagesse qui combattra avec vous. Aucune chose ne vous arrivera sans la permission de votre Père qui voit tout et qui a tout

compté, jusqu'au dernier de vos cheveux. Si vous supportez vos épreuves jusqu'à la fin, vous sauverez votre vie pour l'éternité et vous en aiderez beaucoup d'autres à naître à la vraie vie. » L'un des Douze lui demanda alors : « Si le Temple est détruit, sera-ce la fin de notre peuple et la fin du monde ? » Jésus lui répondit : « Lorsque vous verrez dans le Sanctuaire "l'abomination de la désolation" [DN 9,27], fuyez aussitôt dans les montagnes et ne vous retournez pas en arrière, car ce seront des jours de grande purification comme les ont clairement annoncés les prophètes. Mais ce ne sera pas encore la fin. Auparavant, la bonne nouvelle du salut devra être annoncée dans toutes les villes d'Israël et jusqu'aux extrémités de la terre. Ce sera le temps des nations, mais vous n'aurez pas achevé de prêcher partout en Israël que déjà le Fils de l'homme viendra dans sa gloire. » Le même apôtre demanda encore : « À quel signe pourrons-nous reconnaître que la venue de ton Règne glorieux est proche ? » Jésus lui répondit : « Le Jour du Fils de l'homme ne viendra pas avant que ne vienne d'abord un refroidissement de la foi chez un grand nombre. Il y aura des schismes et des hérésies [AGRAPHON DE SAINT JUSTIN in *DIALOGUE AVEC TRYPHON*, 35,3]. Beaucoup se laisseront convaincre par les habiles mensonges de l'Adversaire. L'Homme impie appuiera ses affirmations de faux raisonnements et de signes extraordinaires capables d'abuser, s'il était possible, même les élus. Mais ceux-ci recevront le réconfort de mes précurseurs qui témoigneront, avec grande force d'Esprit, de l'urgence de la conversion. Les fils de perdition seront en guerre déclarée contre tout ce qui se rapporte au vrai Dieu et ils investiront le camp des élus pour un peu de temps. Si à cause des justes ces jours-là n'avaient pas été abrégés, aucune chair ne pourrait y résister. Après cette grande tribulation, au jour et à l'heure où vous n'y penserez pas, “les étoiles cesseront de briller, le soleil s'obscurcira et la lune perdra son éclat” [IS 13,10]. Toutes les puissances des cieux et de la terre seront ébranlées. Une grande angoisse saisira le cœur des hommes, mais pour ce qui est de vous, n'ayez pas peur. Relevez la tête avec confiance, car l'heure de votre délivrance sera devenue toute proche. Dans l'immense ténèbre du ciel apparaîtra le signe du Fils de l'homme plus brillant que le soleil. Tous les peuples le verront et se frapperont la poitrine [CF. ZA 12,12]. Puis ils verront “venir le Fils de l'homme sur les nuées” [DN 7,13] avec grande puissance et grande gloire, suivi de la multitude de ses anges. Ceux-ci commenceront par rassembler tous les élus des quatre coins du monde avant de rassembler les réprouvés, ceux qui servent Satan* et ses suppôts. Alors tous “ceux qui dormaient dans la poussière ressusciteront, les uns pour la vie éternelle, les autres pour la honte et la réprobation éternelle” [DN 12,2]. Ainsi, chacun se lèvera pour recevoir du souverain Juge son lot à la fin des jours. Et toute chair saura que le Fils a dit et a fait comme le Père le lui a demandé. Enfin, le Fils remettra tout entre les mains du Père comme un calice de gloire. »

84 Ce jour-là, une grande agitation régnait sur un chemin ensoleillé des environs immédiats de Jérusalem. Des gens circulaient en tous sens à pieds ou montés sur des ânes. De cet ensemble s'élevaient de multiples bruits et de la poussière. Au milieu de la cohue arriva soudain un cortège de peuple qui suivait à pied Jésus assis sur un âne gris. Derrière lui marchaient environ une centaine de personnes, peut-être même davantage, car le chemin se courbait et empêchait d'apercevoir au-delà. Dans cette suite, on pouvait distinguer des branchages verdoyants que des mains d'hommes agitaient, mais la poussière ne permettait pas de bien voir. Tous ces gens avaient la tête couverte d'une sorte de châle et avançaient lentement sur le chemin pierreux. Bientôt, ceux qui étaient près de la porte de la ville purent voir Jésus qui montait l'âne et tenait la bride. Lui aussi avait la tête couverte d'une sorte de châle. Tout son vêtement était de couleur blanc cassé, notamment sa longue tunique, et ses pieds étaient chaussés de sandales brunes. Du point de vue de la grande espérance d'Israël en la venue d'un Envoyé sauveur, une chose frappait : beaucoup des gens qui étaient là continuaient de circuler sur le chemin sans du tout se préoccuper du Roi des Juifs qui faisait pourtant son entrée messianique dans la Ville sainte, accomplissant ainsi la prophétie de Zacharie : « Jubile de toute ton âme, fille de Sion ; pousse des cris de joie, fille de Jérusalem, car

voici que ton Roi vient à toi, juste et victorieux, humble et monté sur un âne [ZA 9,9]. » Il émanait de Jésus bonté et simplicité, mais aussi une grande dignité. Au milieu du tumulte, son calme était surprenant. En dehors de quelques mots à des scribes qui lui reprochaient de se laisser saluer publiquement comme fils de David, il ne parlait à personne, se contentant de sourire légèrement. Il montait ainsi vers Jérusalem et sa Passion, considérant son peuple dont une partie se détournait de lui alors que l'autre l'acclamait. Dans son regard pouvaient se lire ces paroles : « Voici votre Roi qui vous aime avec douceur et humilité. Accueillez-le et aimez-le comme il vous aime ! »

Jésus annonce sa Passion aux saintes femmes

85 La célébration des Azymes* et de la Pâque* approchant, Jésus envoya à Jérusalem Pierre et Jean pour s'occuper des préparatifs. Peu après leur départ, il adressa la parole aux femmes qui étaient restées avec lui à la maison. Il leur dit : « Mes apôtres seront les colonnes de mon Église. Pierre réconfortera la foi de beaucoup. Jean témoignera de l'amour. Jacques sera le véritable israélite de l'Alliance nouvelle. Je me réserve un "petit" qui arrivera plus tard [EN LATIN, *PAULUS* = PETIT, PEU IMPORTANT]. C'est lui qui portera mon Nom jusqu'aux îles lointaines. Il

fortifiera l'espérance d'un grand nombre. » Marie de Magdala lui dit alors : « Rabbouni*, si tu nous quittes pour toujours, qu'allons-nous devenir ? » Jésus lui répondit : « Je pars pour revenir vers vous. À partir de cette heure-là, vous ne pourrez plus me voir ni me toucher comme aujourd'hui vous me voyez et me touchez. Toi-même, Marie, tu fais preuve d'un grand amour, mais ce qui te pousse est encore trop de la terre. Sur le seuil de ta porte, beaucoup d'appétits naturels restent tapis. Continue donc de te purifier dans la vigilance et la prière. Prends des forces d'en haut, car tu me suivras de près dans mes épreuves et quelque chose de leur mortelle morsure blessera ton propre cœur. Quand tout aura été accompli, tu te souviendras que je te l'avais dit et cela t'aidera à croire en mon relèvement d'entre les morts. » Marie de Magdala ne répondit rien mais, se prosternant, lui saisit les pieds qu'elle embrassa en les mouillant de ses larmes. Dès qu'elle s'en rendit compte, afin de ne pas l'importuner, elle les lui essuya aussitôt avec sa longue chevelure.

L'institution de l'Eucharistie

CF. MT 26,17-30 ; MC 14,12-25 ; LC 22,3-20 ; 1CO 11,23-25 ; JN 13,2-31

86 Pour les israélites en voyage, la Loi autorise que la Pâque* puisse être célébrée avec un jour d'avance, soit dès le 13 Nisan au soir

et non à partir du 14 Nisan au soir [CF. NB 9,10-11]. Profitant de cette possibilité offerte entre autres aux résidants de Haute-Galilée, Jésus décida que lui et les siens mangeraient l'agneau pascal dès le 13 Nisan au soir [SOIT, VRAISEMBLABLEMENT, DÈS LE SOIR DU JEUDI 6 AVRIL DE L'AN 30].

Jésus et les Douze se réunirent dans la ville haute de Jérusalem, non loin du palais de Caïphe, dans une grande salle louée cette année-là par des disciples qui se trouvaient être également des cousins de Joseph d'Arimathie. Comme l'abattage rituel des agneaux pascaux ne commençait que le lendemain au Temple, deux disciples égorgèrent un agneau pour la fête dans la cour même de la maison et s'occupèrent ensuite de le préparer.

Au début du repas, le Seigneur déclara aux apôtres qui l'entouraient : « J'ai désiré d'un grand désir manger cette Pâque avec vous avant de souffrir. Désormais, je vous le dis, je ne la mangerai plus jusqu'à ce qu'elle s'accomplisse dans le Royaume des cieux. Jusqu'ici, je vous avais partagé mon pain et mon vin. Voici venue l'heure du sacrifice nouveau où je vais vous partager ma chair et mon sang, afin que vous soyez tout entiers en moi et moi en vous. Ce sacrifice se perpétuera jusqu'à la consommation des siècles. » Les Douze ne comprirent pas ce qu'il voulait signifier par là. Ils pensèrent qu'il leur parlait symboliquement de l'agneau pascal ainsi que des rites mosaïques qui subsisteraient jusqu'à la fin du monde.

La table du cénacle* n'était ni très large ni très

haute. Elle avait la forme d'un demi-cercle et ne montait guère plus haut que les genoux d'un homme debout. Les banquettes sur lesquelles ils devaient s'allonger pour manger dominaient un peu la table basse. Jésus se trouvait à l'extérieur du demi-cercle et au centre. Il avait Jean à sa droite et Pierre à sa gauche. Dans la partie rentrante de la table, il n'y avait que quatre apôtres, dont Judas. Au milieu de la table avait été disposé tout ce qu'il fallait pour la célébration, notamment le grand plat sur lequel se trouvait l'agneau rôti [APPELÉ *PESSAH*], les galettes de pain azyme [APPELÉES *MATSA*] et les herbes amères [APPELÉES *MAROR*].

Ils commencèrent le rituel pascal par la récitation du *kiddoush**, se tenant debout comme il est prescrit. Après quoi, Jésus leur dit : « Voici venu le moment du lavement des mains. Vous savez ce que Dieu a prescrit à Moïse pour Aaron et ses fils qui devaient devenir les prêtres* saints d'Israël, les seuls à pouvoir s'approcher de l'autel du Seigneur : "Quand ils s'avanceront vers l'autel pour officier et offrir l'holocauste au Seigneur, ils se laveront les mains *et les pieds* pour ne pas mourir. C'est un décret perpétuel pour toute la descendance sacerdotale" [EX 30,20-21]. Dans ma grande assemblée*, vous serez les prêtres saints de l'Agneau immolé. En vérité, votre sacerdoce sera plus grand que celui d'Aaron, car la victime sera parfaite et sainte. Pour l'heure, il vous est donc bon d'avoir les pieds lavés, comme les mains. » Ayant ainsi parlé, il s'éloigna de la table, déposa son manteau et se ceignit d'un linge. Il versa lui-même de l'eau dans un bassin et se mit à leur laver et à leur essuyer les pieds avec l'humilité d'un esclave et la délicatesse d'un roi. Après avoir accompli ce geste, il leur expliqua qu'ils devaient eux aussi s'abaisser de la même manière les uns vers les autres dans l'attitude du serviteur et même de l'esclave [CF. Is 25,41]. Il conclut en leur disant : « En vérité, si Moi, le Seigneur et le Maître, je vous ai lavé les pieds, si je me suis abaissé devant les purs et les impurs, priant pour chacun d'entre vous, vous devrez vous aussi faire de même après mon départ. Je vous en ai donné l'exemple. Vous serez heureux et vous rendrez heureux si vous faites ainsi en mon Nom. »

Avant de bénir et de boire à la deuxième coupe prévue par le rituel, Jésus leur déclara encore : « Cessez donc de faire retour sur vous-mêmes et de vous inquiéter. Remettez votre inquiétude entre les mains de mon Père du ciel, car Il saura prendre soin de vous, même dans l'épreuve. Réjouissez-vous plutôt, car elle s'approche l'heure de votre délivrance. Voici que le Fils de l'homme va être livré pour vous et la multitude, afin que sa vie vous soit donnée en abondance. Mais c'est l'un de vous qui va le livrer à ses ennemis. Oui, l'un de vous “qui mange avec moi” [PS 41,10] ! » Tous s'attristèrent de ces dernières paroles et lui demandèrent : « Serait-ce moi, Seigneur ? » Il leur répondit : « C'est l'un de ceux qui ont mis la main au plat avec moi. Maintenant, le Fils de l'homme s'en retourne comme il a été écrit à son sujet, mais malheureux cet homme-là par lequel il est ainsi livré ! » Comme les autres, Judas lui demanda : « Serait-ce moi ? » et Jésus lui répondit en lui tendant une bouchée d'herbe amère trempée dans la sauce du *haroçet** : « C'est toi qui le dis ! » Sans être sûr que le Maître ait pénétré son dessein de le livrer dès la nuit présente, Judas fut inquiet de cette réponse et irrité du geste d'amitié manifeste qui l'accompagnait. Peu après, on servit le repas de la fête.

Au cours du repas, Jésus prit une galette de pain azyme et prononça la bénédiction rituelle : « Béni sois-tu, Éternel, notre Dieu, Roi de l'univers, toi qui fais sortir le pain de la terre. » Ensuite, il rompit la galette en douze morceaux, il éleva des deux mains le plat qui contenait les morceaux et, les yeux tournés vers le ciel, il dit : « Prenez et mangez, car ceci est mon corps livré pour vous. Vous ferez cela en mémoire de moi. » Il tendit le plat d'abord à Pierre. Lorsque vint son tour, Judas mangea lui aussi sa part, mais Jésus lui dit alors : « Hâte-toi de faire ce que tu dois faire ! » Le visage sombre, sans rien dire, Judas sortit aussitôt. Dehors, il faisait déjà nuit. Les autres apôtres pensèrent que le Seigneur venait de le charger d'une affaire urgente et ne s'étonnèrent donc pas outre mesure de son départ précipité. Vers la fin du repas, Jésus prit la troisième coupe de vin, l'éleva un peu en regardant vers le ciel et dit : « Je lève la coupe du salut et j'invoque le nom de l'Éternel. Buvez-en tous, car ceci est mon sang, celui de la nouvelle alliance. Il est répandu pour vous et la multitude en rémission des péchés. Vous ferez cela en mémoire de moi. » Sans en boire lui-même, il fit alors circuler la coupe dans le même ordre que précédemment. Comme il avait déjà quitté les lieux, Judas ne put en boire.

Tout à la fin du repas, on chanta les psaumes du Hallel [PS 113 à 118], mais sans boire la quatrième coupe, symbole d'une joie sans mélange. Jésus leur expliqua : « Désormais, je vous le dis, je ne boirai plus du fruit de la vigne jusqu'à ce jour où je le boirai avec vous sous une forme nouvelle dans le Royaume des cieux. »

L'agonie de Jésus à Gethsémani

CF. MT 26,36-56 ; MC 14,26-52 ; LC 22,39-54 ; JN 18,1-11

87 Accompagné des onze apôtres, Jésus quitta le cénacle* de Jérusalem pour se rendre par des sentiers détournés jusqu'au jardin de Gethsémani* au Mont des Oliviers. À l'occasion d'une halte sur le chemin, il leur dit : « Cette nuit, vous allez tous vous scandaliser à cause de moi, comme il est écrit : "Je frapperai le berger et les brebis du troupeau seront dispersées" [ZA 13,17]. Mais après ma relevée d'entre les morts, je vous précéderai en Galilée. » Cependant, par l'effet de leur récente communion au Corps et au Sang du Seigneur, les apôtres se sentaient pour l'heure pleins d'enthousiasme et d'amour. Ils lui répondirent donc : « Rabbi, nous sommes avec toi et resterons avec toi. Nous ne t'abandonnerons jamais. Et comment le pourrions-nous : tu n'as

jamais fait que le bien ! » Pierre ajouta : « Même si tous devaient se scandaliser, moi du moins je ne me scandaliserai jamais. Et s'il faut aller en prison et mourir, eh bien, j'irai ! » Les autres se mirent à protester de même de leur fidélité, mais se tournant vers Pierre, Jésus lui déclara : « En vérité, en vérité, je te le dis, toi, cette nuit même, avant que le coq ne chante, tu m'auras renié trois fois ! » Tout en marchant, l'un ou l'autre cherchait encore à l'encourager par des paroles comme celles-ci : « Tu as tort de t'inquiéter cette fois-ci. C'est bientôt le grand sabbat de Pâque et les grands prêtres* vont être trop occupés à la fête pour s'intéresser à nous. » Mais, comme Jésus gardait obstinément le silence, un doute angoissant commença à obscurcir leur esprit et à refroidir leur ardeur.

Après une demi-heure de route, ils étaient devenus tout silencieux et songeurs, et c'est ainsi qu'ils pénétrèrent dans le jardin dont ils possédaient la clé. Ils s'arrêtèrent bientôt à un endroit propice pour dormir et Jésus leur dit : « Asseyez-vous ici pendant que j'irai plus loin pour prier. » Il demanda à Pierre, Jacques et Jean de l'accompagner un peu plus haut, là où se trouvaient des grottes. Jean l'interrogea : « Rabbouni*, comment peux-tu être si abattu alors que jusqu'à ce jour, c'est toujours toi qui nous as consolés ? », et il lui répondit : « Mon âme est triste jusqu'à la mort ! » Jean sentit intérieurement que l'endroit où ils se trouvaient s'obscurcissait par l'effet d'une ténèbre infernale chargée de mille tentations et de mille raisons de désespérer. Considérant alors ses trois intimes avec amour et douleur, Jésus leur dit : « Restez ici. Veillez et priez, afin de ne pas entrer en tentation. » Puis il s'éloigna jusqu'à une grotte voisine où il pénétra. L'immense ténèbre démoniaque s'y engouffra avec lui et vint l'enserrer de toutes parts. Comme l'Heure était venue du grand combat et qu'il voulait être totalement le nouvel Adam de l'humanité nouvelle, Jésus accepta qu'à partir de cet instant sa nature humaine ne ressente plus aucune lumière ni consolation provenant de sa nature divine. Satan* se plut alors à lui présenter tous les péchés de l'humanité de tous les temps avec la sanction infernale qu'en toute justice ceux-ci entraînaient. À cette vue, Jésus tomba à genoux les mains tendues vers le ciel et s'écria : « Abba*, Père, place sur moi tous leurs péchés. Eux ne peuvent les réparer. Me voici donc pour être leur *goël* [AUTREMENT DIT, LEUR RÉDEMPTEUR]. » La mer immense des péchés humains sembla alors s'engouffrer tout entière dans sa nature humaine qui, du coup, se sentit repoussée infiniment loin de la sainte Présence. Aussitôt, Jésus tomba la face contre terre en se tordant et en gémissant. Son âme entra dans une telle agonie que son corps se mit à suer des gouttes de sang. Au même moment, par une grâce particulière, Marie, sa mère, ressentait également quelque chose de son supplice intérieur et suppliait Dieu de venir en aide à son enfant, s'il était possible, au travers même de sa souffrance. Elle fut exaucée, car un ange apparut à Jésus et lui transmit, sinon des consolations, du moins des forces nouvelles. Cet ange agit auprès du Sauveur non seulement au nom de Marie la croyante, mais au nom de toutes les âmes fidèles qui, d'une manière ou d'une autre, le consoleraient lui et les siens au cours des siècles.

Ainsi fortifié par l'ange, Jésus put se relever et se rendre auprès des trois apôtres. Il les trouva endormis de tristesse. Se penchant sur Pierre, il l'appela doucement : « Simon, tu dors ? Ne peux-tu veiller une heure ? Veillez donc et priez pour ne pas entrer en tentation. L'esprit est ardent, mais la chair est faible ! » Il repartit peu après pour continuer son combat. En le voyant dans un tel état de faiblesse, Satan fut presque sûr que, tout fils de Dieu [CF. PS 82,6 ; 89,7] et Messie* qu'il était, Jésus ne devait être qu'un homme, mais sans doute le plus saint qu'il lui ait été donné de connaître [CF. 1 CO 2,8 ; COL 1,26]. Il voulut donc le faire douter de sa qualité d'ami de Dieu. Il l'accusa d'abord d'avoir relativisé ou enfreint certaines observances religieuses importantes, d'avoir contribué à désunir des familles, d'avoir refusé de guérir plusieurs malades, d'avoir causé la chute de beaucoup en Israël, à commencer par son apôtre Judas. Il chercha ensuite à le faire douter de l'utilité de son sacrifice : les hommes ayant toujours été inconstants, ingrats et adorateurs d'eux-mêmes, cet état de fait continuerait au long des siècles. Pourquoi irait-il librement vers les souffrances extrêmes d'un supplice honteux, puisque cela ne servirait à rien pour un grand nombre ? Mais, sachant quel était celui qui lui suggérait ces pensées, Jésus ne cessait de s'en détourner et de crier vers son

Père avec les mêmes paroles : « Abba, Père, si cette coupe ne peut passer loin de moi, que ta volonté soit faite ! » Au bout d'un moment, il revint une deuxième fois vers les trois apôtres et les trouva de nouveau endormis. Il toucha l'épaule de Pierre qui secoua les deux autres, mais aucun d'eux ne savait comment lui parler ni comment justifier le fait qu'il s'était rendormi. Jésus repartit et continua de prier dans les mêmes termes qu'auparavant. Son agonie devint en quelque sorte plus combattante encore, car elle concernait les grands mystères de la fin des temps et les luttes spirituelles acharnées qui se livreraient à ce moment-là. Il revint une troisième fois vers les trois apôtres et, les trouvant encore tous assoupis, il leur dit : « Maintenant, vous pouvez dormir et prendre un peu de repos. Cela presse, car l'Heure est déjà là. Voici que le Fils de l'homme va être livré aux mains des pécheurs. » Il parlait encore quand se fit entendre le bruit d'une troupe d'hommes armés qui entrait dans le jardin. Judas les conduisait. S'avançant un peu, Jésus dit : « Qui cherchez-vous ? » Ils lui répondirent : « Jésus le Nazaréen ! » Il leur dit : « *Ana hou* », c'est-à-dire : « C'est moi. » Craignant qu'il ne leur jette un sort, ils reculèrent tous précipitamment, très effrayés, ce qui en fit tomber quelques-uns à la renverse. C'est alors que Judas s'avança seul vers Jésus en lui disant : « *Shlama, Rabbi !* », ce qui signifie : « Salut, Maître ! » Jésus lui répondit : « Compagnon, fais donc ce pour quoi tu es ici. » Alors, Judas lui donna un baiser, ce qui était le signal de reconnaissance convenu avec la soldatesque. Au moment où ceux-ci avançaient leurs mains pour le saisir, Jésus dit à l'apôtre félon : « Judas, c'est donc par un baiser que tu livres le Fils de l'homme ! » Après une rapide et vaine tentative pour le défendre, tous les apôtres présents s'enfuirent. Comme dans la troupe venue l'arrêter personne n'avait reçu d'ordre à leur sujet, on les laissa courir dans la nuit noire sans plus s'en inquiéter.

La comparution devant Hanân

CF. JN 18,12-13... 19-24

88 Il était près de minuit quand Jésus fut d'abord conduit au palais de l'ancien grand prêtre* Hanân. Celui-ci avait conservé un grand prestige, bien qu'il ne fût plus en charge du sacerdoce suprême depuis une quinzaine d'années. Cette nuit-là, il était entouré d'une douzaine d'assesseurs et siégeait sur une haute estrade. Il présidait une commission chargée de veiller à la pureté doctrinale ainsi qu'à l'éventuelle poursuite des coupables devant le Sanhédrin*. On avait lié les mains de Jésus avec des chaînes. Hanân l'interrogea : « Ainsi, c'est toi le dénommé Jésus de Nazareth ? Où sont donc tes disciples ? Où sont les forces de ton prétendu royaume ? Tu sais certainement déjà que le grand Tribunal t'a condamné depuis plus de quarante jours pour crime d'impiété à l'égard de notre sainte doctrine et de mépris public à l'égard de nos institutions et de nos coutumes. Malheureu-

sement pour toi, aucun témoin à décharge n'est venu nous trouver jusqu'à ce jour. C'est donc la mort qui t'attend. Qu'as-tu à dire pour ta défense ? » Jésus le regarda calmement et lui répondit : « Jusqu'à présent, j'ai toujours parlé publiquement dans le Temple et les synagogues. Je n'ai rien enseigné de façon clandestine et séditieuse. Si tu veux te faire un avis éprouvé, interroge ceux qui m'ont entendu. Ils savent ce que j'ai dit. » À peine avait-il fini de parler qu'un des serviteurs placés près de lui le frappa durement sur la bouche en criant : « C'est ainsi que tu réponds au grand prêtre ! » Le coup fut si violent que Jésus tomba sur les marches et que son visage se mit à saigner. Après s'être relevé, il dit à l'homme : « Si j'ai mal parlé, montre où est le mal, mais si j'ai bien parlé, pourquoi me frappes-tu ? » Faisant mine de n'avoir rien remarqué, Hanân se tourna vers quelques témoins à charge qui se trouvaient là et leur dit : « Répétez donc ce que vous avez vous-mêmes entendu de la bouche de cet homme. » Ils parlèrent en mêlant leurs voix : « Il s'est dit le roi d'un royaume qui vient et s'est présenté comme étant encore plus grand que Salomon. Il a même laissé entendre que Dieu serait son propre père. Il a soutenu que nous étions une génération adultère. Il guérissait souvent le jour du sabbat*, ce qui démontre bien l'origine démoniaque de ses prodiges. Il a annoncé la ruine du nouveau Temple et même de toute la Ville sainte. Il mangeait avec des gens impurs et s'entourait de femmes suspectes. Ses paraboles étaient équivoques et, depuis son départ de Nazareth, il vivait en parasite. » Après l'audition de ces différents témoins, Hanân conclut : « Ainsi, nous voyons clairement quelle espèce de roi tu es. Le grand Tribunal t'avait bien jugé ! » Il fit ensuite apporter un parchemin sur lequel il écrivit en quelques lignes les conclusions auxquelles il était parvenu. Puis il envoya le prisonnier sous escorte à son gendre Caïphe, qui était grand prêtre cette année-là.

La comparution devant Caïphe

CF. MT 26,57-66 ; MC 14,53-65 ; LC 22,54-71 ; JN 18,24

89 Pierre et Jean avaient réussi à s'introduire dans la cour du palais du grand prêtre* Caïphe. En attendant de pouvoir peut-être apercevoir Jésus, Pierre vint s'asseoir auprès d'un feu allumé au centre de la cour. Plusieurs serviteurs et servantes s'y trouvaient également et se chauffaient à la flambée. L'une des servantes crut reconnaître en Pierre un disciple du Nazaréen, mais lui jura à plusieurs reprises qu'il n'en était pas.

Depuis le moment où Judas était parti pour Gethsémani avec la soldatesque, le grand prêtre Caïphe avait tout préparé pour que les choses aillent le plus vite et le plus discrètement possible. Il souhaitait, en effet, que l'affaire du Nazaréen soit entièrement terminée avant l'entrée dans le grand sabbat pascal. À cette fin, il avait prévu de convoquer deux sessions rapprochées du grand Sanhédrin* dans son palais, l'une préparatoire en pleine nuit, l'autre officielle et légale dès le petit matin. Les comparutions se faisaient dans une grande salle en hémicycle. Sur un lieu surélevé, lui-même siégeait au centre, entouré de part et d'autre des soixante-dix juges. Ces derniers venaient tout juste d'arriver. Plusieurs témoins et accusateurs se trouvaient également présents.

Lorsque Jésus fut conduit devant l'hémicycle du tribunal, Caïphe l'accueillit par ces mots : « C'est donc toi, le blasphémateur, qui nous déranges pendant une nuit aussi sainte ! » Il prit ensuite connaissance du message rédigé par son beau-père Hanân et dit à Jésus : « Ta cause semble entendue, mais, cependant, dis-nous toi-même quelle est ta doctrine et quels sont ceux qui l'ont adoptée. » Jésus lui répondit : « Pourquoi m'interroges-tu si tu n'es pas prêt à croire ce que je dis ? Puisque j'ai toujours prêché ouvertement partout au Temple et dans les synagogues, interroge plutôt ceux qui m'ont écouté.» Caïphe lui répliqua sévèrement : « Parle tout de même. C'est ta vie que tu défends. » Jésus, cependant, ne lui répondit plus rien. Alors, on fit comparaître de nombreux témoins, mais leurs dépositions manquaient de clarté et semblaient souvent se contredire. L'un disait, par exemple : « Il a affirmé qu'il pouvait détruire le Temple et le relever en trois jours. » Mais un autre venait en disant : « Il a effectivement prétendu qu'il pouvait relever le Temple, mais il a ajouté qu'il s'agissait d'un autre Temple non fait de main d'homme. » Ces manques de concordance jetaient la suspicion sur la sentence déjà prononcée par le Sanhédrin. Conscient de la difficulté, Caïphe se leva, s'approcha de Jésus et lui déclara : « Tu ne réponds toujours rien à toutes ces accusations ? Eh bien, je t'adjure par le Dieu vivant de nous dire si tu es vraiment le Messie, le Fils du Saint, béni soit-Il ! » Jésus lui répondit en face d'une voix nette : « Tu l'as dit. Et je vous le déclare, vous verrez désormais “le Fils de l'homme siéger à droite de la Puissance divine et venant sur les nuées du ciel” [DN 7,13 ; PS 110,1]. » Tous se récrièrent. Caïphe lui demanda alors de confirmer sa déclaration : « Tu prétends donc être le Messie et même le propre Fils de Dieu ? » Jésus lui répondit avec gravité : « Tu l'as dit : Je Suis ! » À ces derniers mots, le grand prêtre déchira un certain endroit de sa tunique et s'écria : « Vous avez entendu le blasphème ? Que vous en semble ? » La plupart reconnurent qu'il méritait effectivement le châtiment suprême auquel leur tribunal l'avait déjà condamné par contumace quelques semaines plus tôt. Peu après, l'assemblée fut levée.

Quand le jour commença de poindre, un coq chanta. C'est vers cette heure-là que Jésus fut conduit à la prison souterraine du tribunal. Alors qu'il traversait la cour sous escorte, il aperçut Pierre. Sans tourner la tête vers lui, pour ne pas le faire remarquer, il lui jeta un regard pénétrant. Pierre se souvint alors de la parole prophétique que Jésus lui avait dite concernant son reniement. Bouleversé, il sortit de la cour et se mit à pleurer amèrement. Il fut bientôt suivi de Jean, qui partit aussitôt vers la maison où se trouvait la mère du Seigneur, car il voulait lui rendre compte fidèlement de tous ces événements.

Vers la première heure du jour [SIX HEURES DU MATIN], Caïphe réunit à nouveau l'assemblée du Sanhédrin pour une brève session extraordinaire. Celle-ci avait essentiellement pour but d'entériner les décisions prises au cours de la nuit. Il fallait, en effet, leur conférer le même caractère légal que celui qui caractérisait déjà le premier procès à l'issue duquel Jésus avait été condamné à mort par contumace.

Dans la prison du Sanhédrin, durant le reste de la nuit, Jésus eut à subir de nombreux outrages de la part de ses gardiens : des moqueries, des insultes, des coups, des crachats. Quand il fit jour suffisamment, on le mena sous escorte à Ponce Pilate, le gouverneur romain de Judée, car lui seul pouvait rendre exécutoire la sentence capitale du tribunal religieux.

La comparution devant Pilate

CF. MT 27,2,11-26 ; MC 15,2-15 ; LC 23,2-5,13-25 ; JN 18,28-40 ; 19,4-16

90 Arrivé au prétoire du procurateur romain, Jésus fut bientôt introduit devant lui. Le chef d'accusation du Sanhédrin était ainsi formulé : « Le dénommé Jésus, fils de Joseph de

Nazareth, est accusé par nous de nombreux désordres dans la nation. Il soutient qu'il est notre roi messie envoyé par Dieu pour nous libérer de toute domination. Après enquête, nous l'avons reconnu coupable de blasphème, de magie et de menées séditieuses. Notamment, en se déclarant lui-même roi, il s'est déclaré ennemi de l'empereur. Selon nous, il doit donc être mis à mort sans tarder, car il représente un grave danger pour l'ordre civil et religieux. »

Pilate demanda à Jésus : « Tu es donc le roi des Juifs ? » Il lui répondit : « Dis-tu cela de toi-même ou d'autres te l'ont-ils dit de moi ? » Pilate répliqua sèchement : « Est-ce que moi je suis Juif ? Les chefs religieux de ta nation t'ont livré à moi. Qu'as-tu donc fait ? » Jésus répondit : « Mon royaume n'est pas de ce monde. S'il l'était, mes gens auraient combattu pour moi, afin que je ne sois pas livré aux mains de mes ennemis. Mais non : mon royaume n'est pas d'ici. » Pilate reprit : « Donc tu es roi ? » Jésus lui répondit : « Tu l'as dit : je suis roi. Et je suis né et entré dans ce monde pour rendre témoignage à la vérité. Quiconque est du parti de la vérité écoute ma voix. » Pilate lui dit d'un air dubitatif : « Qu'est-ce que la vérité ? » Jésus lui répondit : « La vérité vient du ciel. » Pilate répliqua : « Alors sur terre, il n'y aurait pas de vérité ? » Jésus lui dit : « Vois toi-même comment sur terre les maîtres du pouvoir jugent ceux qui disent la vérité ! » [CF. *ACTES DE PILATE* D'APRÈS RECENSION GRECQUE, 3,2.]

Laissant alors Jésus à l'intérieur du prétoire, Pilate alla retrouver les chefs religieux qui, pour des raisons de pureté rituelle, étaient restés à l'extérieur. Il leur dit : « Pour moi, je ne trouve aucun motif de condamnation chez cet homme. » Ils lui répondirent : « Si celui-ci n'était pas un dangereux malfaiteur, nous ne te l'aurions pas livré. » Pilate leur répondit : « Eh bien, prenez-le vous-mêmes et faites-lui ce que prévoit votre Loi ! » Ils lui objectèrent : « Nous n'avons pas le droit de mettre quelqu'un à mort. » Pilate répliqua, agacé : « À vous, Dieu interdit de tuer, mais à moi il le permet ? » Malgré le ton ironique de sa remarque, les chefs des prêtres insistèrent : « Il convient pourtant que tu fasses quelque chose, car cet homme est dangereux : il soulève le peuple non seulement en Judée, mais aussi en Galilée. » Pilate leur dit alors : « Puisque ce Jésus est de Galilée et qu'il a également sévi là-bas, je vais l'envoyer à Hérode* qui est à Jérusalem ces jours-ci. »

Dès qu'il fut revenu dans le prétoire, Pilate envoya un messager à Hérode pour le prévenir qu'il lui adressait le prétendu prophète de Nazareth, car il lui semblait relever plutôt de sa juridiction. Après l'avoir averti que le Sanhédrin l'avait condamné à mort pour sédition et blasphème, crimes dont lui Pilate ne le jugeait pas coupable, il concluait ainsi : « Fais donc comme il te paraîtra juste. Je ne doute pas, en tout cas, qu'il te sera agréable de rencontrer un faiseur de prodiges d'une telle renommée. Porte-toi bien ! »

La comparution devant Hérode Antipas

CF. LC 23,7-12

91 Jésus, ses gardes et les chefs des prêtres* n'eurent pas à marcher longtemps pour arriver jusqu'au palais d'Hérode. Ce dernier les attendait en se réjouissant fort de voir enfin le célèbre successeur de Jean-Baptiste. Quand le prisonnier fut introduit dans la grande salle du palais, le tétrarque se trouvait assis sur des coussins, entouré de ses courtisans. Il demanda aux notables religieux présents de bien vouloir lui exposer leurs principaux chefs d'accusation. Pendant qu'ils les énuméraient, Hérode observait le prisonnier avec curiosité. Le voyant meurtri, les cheveux en désordre, le visage souillé de sang et de crachats, à peine couvert d'un manteau malpropre, il fut pris de dégoût et dit : « Qu'on l'emmène un moment et qu'on lui lave au moins le visage. Comment a-t-on osé le présenter devant moi dans un état pareil ? » Dans le vestibule tout proche, on lui fit donc faire une toilette sommaire, puis on le ramena.

Hérode s'avança vers Jésus et lui présenta lui-même une coupe de vin, mais celui-ci fit signe qu'il n'en voulait pas. Le tétrarque lui dit alors : « J'avais de l'estime pour Jean et je n'ai rien contre toi. Au nom du Très-Haut, fais-nous donc ici même un prodige. Cela suffirait à démontrer devant tous que tu n'agis pas au nom des démons, mais bien au nom du seul vrai Dieu. » Comme Jésus gardait les yeux baissés et ne répondait pas, Hérode reprit : « Tu ne m'aides pas beaucoup à te sauver. Toi-même, qu'as-tu à dire pour ta défense ? » Mais Jésus continuait à se taire. Hérode poursuivit : « Que dis-tu de toi-même : es-tu vraiment le roi des Juifs ? Es-tu fils de Dieu ? Est-il vrai que tu aies rendu la vue à un aveugle-né, nourri une foule entière avec quelques pains et relevé Lazare de Béthanie d'entre les morts ? » Comme Jésus gardait encore le silence, Hérode se mit en colère et cria : « Pourquoi ne veux-tu pas répondre ? Aurais-tu perdu ta langue en même temps que tes pouvoirs ? Serais-tu devenu fou ? Ou bien, serait-ce la honte qui t'empêche de parler ? » Cependant, malgré sa colère, le tétrarque ne voulut pas prendre à son compte la sentence de mort du Sanhédrin, car il s'en voulait encore d'avoir fait exécuter Jean. Se tournant alors vers son chef des gardes, il lui donna cet ordre : « Emmène donc cet insensé et fais-lui rendre les honneurs qui conviennent à un roi d'imagination ! » Jésus fut alors conduit dans la cour. On le déguisa en roi de carnaval avec un manteau magnifique, puis on lui fit subir toutes sortes de moqueries et de mauvais traitements. Après quoi, Hérode le fit reconduire à Pilate avec ses remerciements et ce message : « Je n'ai pas jugé autrement que toi. Ce Jésus me paraît plus fou que criminel. Agis donc avec lui comme bon te semblera. Et toi aussi, porte-toi bien ! » C'est à partir de ce jour-là qu'Hérode et Pilate devinrent amis.

Retour devant Pilate et condamnation à mort

CF. MT 27,15-26 ; MC 15,6-15 ; LC 23,13-25 ; JN 18,39-19,16

92 Jésus fut reconduit dans le prétoire de Pilate vers la troisième heure [NEUF HEURES DU MATIN]. Dès son arrivée, le procurateur sortit devant son palais pour s'adresser aux chefs des prêtres* qui attendaient dehors avec quelques notables et une foule de curieux. Il leur dit : « Hérode et moi avons instruit l'affaire de votre Nazaréen et nous ne l'avons trouvé coupable d'aucun des crimes dont vous l'accusez. Il a certes perturbé l'ordre public avec ses idées de royauté céleste, mais pas au point de mériter la mort. Je vais donc lui faire donner les trente-neuf coups de fouet réglementaires, puis je le relâcherai. »

Les chefs des prêtres furent fort mécontents de cette décision et protestèrent vigoureusement. Comme Pilate avait l'habitude de libérer chaque année un prisonnier au moment de la Pâque, il eut l'idée de leur faire choisir entre le prisonnier prévu cette année-là — un certain Jésus Barabbas* — et Jésus de Nazareth. Il leur déclara donc : « Quel Jésus voulez-vous que je vous relâche pour la fête : le dénommé Barabbas qui est un vrai meurtrier séditieux, ou le guérisseur de Nazareth qui est un roi imaginaire ne menaçant personne ? » Les chefs des prêtres se mirent à crier : « Libère Barabbas et crucifie celui-ci ! » Les nombreux curieux qui étaient là se mirent eux aussi à réclamer la libération de Barabbas, car les chefs des prêtres les avaient préalablement avertis que quiconque s'opposait sans raison à une sentence du Sanhédrin se déclarait publiquement contre Dieu et contre la nation. Voyant que la foule s'agitait de plus en plus et réclamait la mort du Nazaréen, Pilate fit apporter un bassin d'eau et se lava les mains devant tous en déclarant : « Je suis innocent du sang de cet homme et ce sera à vous d'en répondre ! » Ils furent alors plusieurs à lui répliquer : « Ce n'est pas nous, c'est la Loi de Dieu qui le condamne. Seul le sang peut laver son horrible blasphème. Si nous n'obéissions pas à la Loi, Dieu lui-même nous imputerait son péché. Puisque ce sang est répandu pour raison de piété, qu'il retombe sur nous et sur nos enfants ! »

Après s'être lavé les mains, Pilate rentra dans le prétoire et donna l'ordre de faire immédiatement flageller Jésus. Quand les deux bourreaux requis l'eurent ainsi battu, les soldats s'approchèrent et le revêtirent par dérision d'une chlamyde * écarlate. Ils lui enfoncèrent une couronne tressée d'épines et de chardons souillés sur la tête, et lui placèrent un roseau dans la main droite. En lui donnant des gifles, ils lui disaient : « Salut, roi des Juifs ! » Puis ils fléchissaient les genoux devant lui comme pour l'honorer, mais en se relevant, ils crachaient sur lui. Durant ces scènes d'outrage, Jésus ne cessait de prier et d'offrir ses souffrances.

Pilate fit ensuite conduire Jésus couronné d'épines devant son palais. C'est dans cet accoutrement misérable qu'il le présenta aux chefs des prêtres en leur disant : « Voici l'homme ! » Ceux-ci ne voulurent pas en entendre davantage et crièrent : « Ôte-le d'ici et fais-le crucifier ! » Pilate leur répliqua fermement : « Eh bien, crucifiez-le vous-mêmes, car moi je ne le trouve coupable d'aucun crime méritant la mort ! » Ils lui répondirent avec colère : « Selon notre Loi, il est coupable du plus grand blasphème, ce qui est punissable de mort. Aujourd'hui, c'est toi qui détiens le pouvoir de faire exécuter notre sentence. Si tu t'y opposes en une matière si grave, tu n'es ni notre ami ni celui de César. Car tout fils d'Israël qui se fait Dieu est l'ennemi de notre nation et si celui-là se fait roi, il est aussi l'ennemi de César. » Pilate fut touché par l'argument et leur répliqua avec mépris : « Vous persistez donc à vouloir crucifier votre roi ? » Les chefs des prêtres lui répondirent avec aigreur : « Nous n'avons pas d'autre roi que César ! »

Très ennuyé par la tournure qu'avaient pris les événements, Pilate revint dans le prétoire et interrogea Jésus une dernière fois : « D'où es-tu vraiment ? Du ciel ou de la terre ? » Mais Jésus ne lui fit aucune réponse. Le procurateur se fit insistant : « Tu ne veux rien dire ? Ignores-tu que j'ai le pouvoir de te libérer et celui de te crucifier ? » Jésus lui dit alors : « Tu n'aurais sur moi aucun pouvoir s'il ne t'avait pas été donné d'en haut. C'est pourquoi l'autorité religieuse qui m'a livré à toi porte un plus grand péché. »

Pilate fit encore une fois conduire Jésus à l'extérieur du palais et interrogea une dernière fois les grands prêtres sur leurs intentions. Après quoi, il alla s'asseoir sur un siège placé en un lieu élevé pour y proclamer l'acte officiel du jugement. C'était vers la cinquième heure [ONZE HEURES DU MATIN]. Afin d'imposer le silence, on fit sonner de la trompette. Ensuite seulement, Pilate prit la parole et déclara d'une voix forte : « Par la grâce de notre très pieux, très noble et très aimé empereur Tibère César Auguste, moi Ponce Pilate, procurateur de Judée, je déclare recevables les chefs d'accusation du grand Sanhédrin à l'encontre de Jésus, fils de Joseph de Nazareth, lequel est accusé de menées séditieuses ayant occasionné de graves désordres publics, de violations répétées de la Loi juive, de propos blasphématoires et provocateurs, se faisant notamment appeler le roi des Juifs. La condamnation à mort de cet homme est conforme aux lois de notre tribunal impérial. Je déclare donc et ordonne que le dénommé Jésus de Nazareth, dit le roi des Juifs, soit sur l'heure et sans retard cloué à une croix jusqu'à ce que mort s'ensuive. »

Après avoir ainsi parlé, Pilate brisa en deux un bâton et en jeta les morceaux aux pieds de Jésus. Puis il ordonna aux soldats d'apporter le bois du supplice — le patibulum* —, car tout condamné devait le porter lui-même sur son épaule jusqu'au lieu de l'exécution. Il fit également rédiger la plaquette de bois qui devait précéder le cortège du condamné durant sa traversée de la ville et qu'on clouerait ensuite au sommet de la croix. L'inscription qu'elle portait devait mentionner brièvement le motif principal de la condamnation. Pilate dicta le texte suivant : « Jésus le Nazaréen, le roi des

Juifs. » On la rédigea de droite à gauche dans les trois langues suivantes : l'hébreu, le grec et le latin. Après l'avoir lue, les chefs des prêtres objectèrent à Pilate : « Ne fais pas écrire "le roi des Juifs", mais "Celui-ci a dit : Je suis le roi des Juifs". » Pilate leur répondit sèchement : « Ce que j'ai écrit est écrit ! »

Le chemin de croix

CF. MT 27,32 ; MC 15,21 ; LC 23,26-32 ; JN 19,16-17

93 S'approchant de Jésus qui était debout dans la cour du prétoire, des soldats lui arrachèrent sa chlamyde* de pourpre. Ils lui ôtèrent également sa couronne d'épines, afin de pouvoir lui passer son scapulaire et sa tunique blanche d'une seule pièce et sans couture. Ils lui remirent aussi sa ceinture et son manteau. Ils le ceinturèrent enfin d'une chaîne de fer dans laquelle passaient les cordes qui devaient le maintenir. Des bourreaux vinrent alors jeter à ses pieds la poutre du patibulum*. Jésus se mit aussitôt à genoux et embrassa le bois comme un prêtre embrasse l'autel du sacrifice. Puis, aidé de quelques soldats, il chargea le lourd fardeau sur son épaule droite et se releva avec difficulté.

Le cortège se forma. Plusieurs soldats encadraient Jésus ainsi que deux autres condamnés qui venaient derrière. Une foule disparate suivait. Tout à l'avant marchaient deux soldats qui avaient pour première mission d'ouvrir le passage. L'un d'eux sonnait de la trompette à certains endroits déterminés. Il avertissait ainsi le peuple qu'un cortège de condamnés allait passer et qu'il convenait de lui laisser la place. L'autre soldat portait le titre de la croix de Jésus en le tenant des deux mains appuyé contre son thorax. Un peu en arrière s'en trouvaient deux autres qui, de la même façon, portaient les titres des autres condamnés. Ainsi, les gens qui le souhaitaient pouvaient savoir qui allait mourir et pour quelle raison. Cependant, cette fois-là, par mesure de prudence, on ne fit pas proclamer devant le cortège les noms et les sentences des condamnés, car il fallait éviter tout risque de soulèvement populaire. De plus, pour ne pas gêner les nombreux pèlerins qui se rendaient au Temple ce matin-là et pour hâter le déroulement des opérations, on choisit un itinéraire inhabituel qui passait par des ruelles peu fréquentées.

Tel un agneau qu'on mène à la boucherie, Jésus s'avançait lentement avec son fardeau sur l'épaule, les pieds nus. Il était épuisé, car la fièvre le minait et il n'avait ni mangé, ni bu, ni dormi depuis la veille au soir. Aux yeux de beaucoup, il semblait être devenu la douleur faite homme. Ses lèvres blessées laissaient parfois échapper des bribes de son incessante prière intérieure. Ainsi, il disait : « Mon Dieu, c'est toi mon refuge et mon partage : écoute mon cri ! » [PS 142,6-7]. Ou bien encore : « Je suis malheureux et souffrant : Dieu de mon salut, relève-moi ! » [PS 69,30].

Beaucoup de ceux qui l'avaient vu les jours précédents étaient maintenant stupéfaits. Ils s'étonnaient que sa face soit tellement tuméfiée et que, du fait des nombreux outrages qu'il avait subis, son apparence extérieure ne soit plus celle d'un homme normal, ni même d'un condamné normal. Malgré son aspect lamentable, certains l'invectivaient avec colère : « Messie d'imposture et roi de mensonge, tu nous as trompés. Tu n'as que ce que tu mérites ! » À leurs malédictions, lui ne répondait que par des prières ou le silence de l'agneau qu'on immole.

À un moment, comme il gisait sous le poids de son fardeau sans pouvoir se relever, Jésus dit en gémissant : « Mon peuple, pourquoi cela ? Que t'ai-je donc fait ? Réponds-moi ! » [Mi 6,3]. Craignant de le voir mourir sur place, les soldats requirent alors un certain Simon de Cyrène qui passait par là et chargèrent aussitôt la poutre sur son dos. Ils tirèrent ensuite sur leurs cordes pour obliger Jésus à se relever et à avancer.

Pendant ce temps, Jean, Marie mère du Seigneur et quelques autres femmes réussirent à se poster assez en avant, à un passage obligé du cortège. Quand enfin Marie aperçut son fils qui avançait tout courbé, chancelant et méconnaissable, elle fut comme transpercée de douleur. Jésus lui jeta un long regard de compassion, puis trébucha et tomba. Elle se précipita alors au milieu des soldats pour l'aider à se relever tout en criant : « Je vous en prie, je suis sa mère ! », mais ils ne la laissèrent pas le toucher. Elle dit alors intérieurement à Jésus : « Mon fils et mon Dieu, moi avec toi ! » Jésus lui répondit de la même manière : « Oui, tu es totalement avec moi ! » Sans brusquerie, l'un des soldats écarta Marie du plat de son glaive en lui disant : « Femme, que viens-tu faire ici ? Si tu l'avais mieux élevé, il ne serait pas entre nos mains ! »

Au moment de passer la porte de la Ville sainte, quelqu'un poussa brutalement Jésus dans un bourbier qui se trouvait là et il tomba dans la boue. En se redressant péniblement, Jésus dit d'une voix brisée : « Malheureuse Jérusalem ! Des jours funestes vont fondre sur toi, car tu n'as pas voulu connaître le temps de ta visitation. Je t'ai pourtant aimée comme une poule aime ses poussins, mais toi, tu me chasses hors de tes portes ! » Des Pharisiens présents se mirent alors à l'invectiver violemment en disant : « Blasphémateur, tu n'es donc pas encore calmé ! Voilà que tu recommences à nous menacer ! » Les soldats le traînèrent hors de la boue en tirant sans ménagement sur les cordes qui l'attachaient, puis ils le frappèrent comme pour le punir d'avoir ralenti la marche. Voyant cela, Simon de Cyrène se mit en colère et s'écria : « Si vous ne cessez pas vos infamies, je jette votre bois ici, quand bien même vous voudriez me tuer moi aussi ! »

À un embranchement de chemins, des femmes de Jérusalem de haute condition s'approchèrent du cortège en pleurant. Puisque la coutume juive le permet [CF. *GEMARA*, SAN. 6,1], elles voulaient proposer aux condamnés des linges pour essuyer leur visage et des breuvages euphorisants, mais Jésus ne voulut pas en prendre. En se tournant vers elles, il leur dit : « Filles de Jérusalem, ne pleurez pas sur moi, mais pleurez plutôt sur vous et vos enfants. Car si l'on traite ainsi le bois vert, qu'en sera-t-il du bois sec ? Si l'on punit ainsi le juste, qu'en sera-t-il du pécheur ? »

Le crucifiement et la mort

CF. MT 27,33-56 ; MC 15,22-41 ; LC 23,33-49 ; JN 19,18-37

94 Lorsqu'ils furent arrivés sur le monticule du Golgotha* où devait se tenir le supplice, des soldats offrirent à Jésus du vin mêlé de myrrhe. Après en avoir humecté ses lèvres, il refusa d'en boire. Ensuite, à quatre coudées du poteau vertical, les bourreaux lui ôtèrent tous ses vêtements à l'exception du linge réglementaire qui le ceignait par devant [CF. *MICHNA*, SAN. 6,3]. Pendant qu'on le dévêtait, un chef des prêtres* s'approcha et lui dit : « Ta fin est proche. Confesse donc tes péchés, car, pour avoir part au monde futur, tout homme mourant doit le faire. Il te suffit de dire : "Que ma mort soit une expiation pour tous mes péchés !" » En regardant vers le ciel, Jésus dit alors : « Père, que ma mort soit une expiation pour tous leurs péchés ! » Horrifié de telles paroles en un moment pareil, le chef des prêtres s'éloigna rapidement. Aussitôt après, quatre bourreaux jetèrent Jésus au sol, l'étendirent sur la poutre transversale et, tout en le maintenant fermement, se mirent à clouer ses poignets dans le bois. Juste auparavant, ils avaient pratiqué des entailles à l'emplacement de la tête

pour laisser de la place à la couronne d'épines qu'ils lui remirent. Ils taillèrent également la poutre verticale pour que soit ménagée à la hauteur des reins une légère prééminence permettant un appui. Cet ajustement permettait que le poids du crucifié ne soit pas entièrement supporté par les mains et les pieds. Par un système de mortaise, ils assujettirent la poutre horizontale sur le poteau vertical déjà planté en terre, puis ils lui clouèrent les pieds. On entendait les coups de marteau et les hurlements des deux autres suppliciés. Quant à Jésus, il gémissait en disant parfois : *« Éli ! Éli ! »*, ce qui signifie en hébreu : « Mon Dieu ! Mon Dieu ! » Il dit également : « Père, pardonne-leur, car ils ne savent pas ce qu'ils font ! »

Quand la croix de l'Agneau de Dieu eut été dressée — c'était vers la sixième heure [MIDI] —, le ciel s'obscurcit et il y eut un mouvement dans toute la nature comme à l'approche d'un orage. Le sang de Jésus jaillissait abondamment de sa tête couronnée d'épines, de ses mains et de ses pieds. Pendant ce temps, les quatre bourreaux se partageaient ses vêtements et les soldats éloignaient les curieux et les injurieux. Le petit groupe des siens, avec sa mère, Jean et quelques femmes, s'efforçait d'approcher pour être le plus près possible de lui.

À un moment, des notables du Temple firent à cheval le tour de la plate-forme. En arrivant à la hauteur de Jésus, ils clamèrent dans sa direction : « Hé ! toi qui détruis le Temple et le rebâtis en trois jours, sauve-toi maintenant ! Si tu es vraiment le Fils de Dieu, descends de ta croix! Puisque tu en as sauvé d'autres, sauve-toi donc toi-même! Fais cela, roi d'Israël, et nous croirons en toi! » Beaucoup qui étaient là en dirent autant, y ajoutant même de nouveaux sarcasmes.

L'un des larrons crucifiés dit à son compagnon d'infortune : « Toi aussi, tu insultes le Nazaréen ? Tu n'as donc pas la crainte de Dieu alors que tu subis le même châtiment ? Pour nous, ce n'est que justice, mais lui n'a rien fait de mal! » Se tournant alors vers Jésus, il lui dit : « Seigneur, si tu me condamnes, ce sera juste, mais, cependant, aie pitié de moi! » Jésus lui répondit : « Garde confiance! » L'homme se sentit alors envahi par un profond repentir.

Comme les ténèbres augmentaient, la foule des curieux se tut et prit peur. Les Pharisiens eux-mêmes n'osèrent plus ouvrir la bouche. Quelques-uns des assistants regardaient le ciel obscur et se frappaient la poitrine en disant : « Que le sang de celui-ci retombe sur ses meurtriers! » Plusieurs osèrent même se mettre à genoux en implorant le pardon du Crucifié. Au milieu de ses douleurs, Jésus jeta sur eux un regard de miséricorde. Le larron qui avait pris sa défense lui dit encore : « Seigneur, souviens-toi de moi quand tu viendras dans ton Royaume! » [in VERSIONS SYRIAQUES de LUC 23,42] et Jésus lui répondit : « En vérité, je te le dis : aujourd'hui, avec moi, tu seras dans le Paradis! »

Debout au pied de la croix, Marie priait en esprit, demandant à son fils la grâce de pouvoir mourir avec lui. Jésus la regarda alors avec compassion puis, tournant les yeux vers le disciple qu'il aimait, il dit à sa mère : « Femme, voici ton fils ! Celui-ci est resté fidèle et il ne s'est jamais scandalisé. » Puis, se tournant vers Jean, il lui dit : « Voici ta mère ! » En entendant ces dernières dispositions qui consacraient une séparation terrestre définitive, Marie fut accablée de chagrin. Sa douleur fut cependant mêlée d'une joie mystérieuse qui fondit son cœur de compassion pour Jean et l'Église naissante dont elle se sentit devenir plus profondément la fille et la mère tout à la fois.

Les ténèbres étaient oppressantes et il régnait maintenant un morne silence. Le disque du soleil d'un gris sombre était entouré d'un cercle rouge sang. Un léger brouillard froid enveloppait toutes choses. En cette heure, comme à Gethsémani*, Jésus ressentait dans sa nature humaine un total délaissement de son Père. Il s'écria d'une voix forte : *« Éli, Éli, lama sabachtani ! »*, ce qui signifie en araméen : « Mon Dieu, mon Dieu, pourquoi m'as-tu abandonné ? » [CF. PS 22,2.]

Il brûlait de fièvre et avait de plus en plus de mal à reprendre sa respiration. Sa langue était devenue sèche comme un tesson d'argile. Regardant les siens avec amour, il dit : « J'ai soif ! » Le centurion présent remplit alors une éponge de vinaigre, y adapta un roseau d'hysope, puis la piqua au bout de sa lance et la présenta ainsi au crucifié. Après avoir aspiré un peu de liquide, Jésus dit : « Tout est accompli ! »

Il continuait cependant de lutter contre la mort et une sueur froide inondait son corps. Le disciple bien-aimé se tenait tout contre la croix et essuyait avec un linge les pieds de son maître. Marie de Magdala, qui les avait encore une fois baignés de ses larmes, s'appuyait maintenant à la croix, figée de douleur. Pour mieux voir son fils, Marie était debout un peu en retrait avec Salomé et Marie de Cléophas. Elle guettait ses moindres paroles et s'unissait intérieurement à son sacrifice d'expiation et d'amour.

Soudain, peu après la neuvième heure [TROIS HEURES DE L'APRÈS-MIDI], alors qu'au Temple on commençait à immoler les agneaux pour la Pâque, Jésus poussa un grand cri et dit d'une voix forte : « Abba, entre tes mains je remets mon esprit ! » Puis, sachant que l'heure de son Père arrivait à son terme, il laissa enfin sa divinité glorieuse envahir tout son cœur d'homme, qui en explosa d'amour. Après avoir ainsi transmis en plénitude l'Esprit à son humanité où tous les hommes étaient mystérieusement incorporés avec leurs péchés, son âme s'élança hors du Temple détruit de son corps. C'est alors que sa tête retomba sur sa poitrine.

Lorsque résonna le cri de mort et de vie du nouvel Adam, la terre trembla, les âmes du shéol* exultèrent, le voile du Temple se déchira en deux [CF. IS 25,7], des sépulcres s'ouvrirent, des justes d'autrefois apparurent dans la Ville sainte pour rendre témoignage au Messie véritable et reprocher au peuple son aveuglement. Le ciel s'éclaircit et le soleil se remit bientôt à briller normalement. À la vue de toutes ces choses, les derniers curieux qui n'avaient pas fui s'en retournèrent enfin chez eux. Ils se frappaient la poitrine et se lamentaient en disant : « Malheur à nous, car cet homme était vraiment fils de Dieu ! Et malheur aussi à cette ville qui l'a rejeté de pareille façon ! »

Comme le grand sabbat pascal allait commencer, il fallut achever les crucifiés, afin de pouvoir les enterrer le jour même. La Loi interdit, en effet, que des condamnés à mort restent pendus au bois d'infamie jusqu'au lendemain [CF. DT 21,22-23]. Les bourreaux commencèrent par briser les jambes des deux larrons qui gémissaient encore et, en arrivant près de Jésus, ils s'étonnèrent qu'il fût déjà mort. Un officier romain qui était à cheval s'approcha alors et de sa lance lui transperça le côté droit. Il en jaillit aussitôt du sang et de l'eau comme d'une source de vie. Ce coup que Jésus ne put ressentir lui-même, Marie sa mère le reçut spirituellement en plein cœur. Tous les assistants purent alors contempler le cœur transpercé du Fils de Dieu que, peu de temps auparavant, son Amour divin avait fait éclater à l'insu de tous. Ils se souvinrent alors de la parole du psaume attestant que Dieu lui-même veillerait à ce qu'aucun des os du Juste ne soit brisé [PS 34,21], ainsi que de la prophétie du prophète Zacharie : « En ce jour-là, une source sera ouverte pour le péché et l'iniquité, en faveur de la maison de David et des habitants de Jérusalem » [ZA 13,1].

L'ensevelissement

CF. MT 27,57-66 ; MC 15,42-47 ; LC 23,50-56 ; JN 19,38-42

95 Avant la tombée du jour, Joseph d'Arimathie se rendit en hâte chez Pilate et, bien que jusqu'à ce jour il soit resté un disciple extrêmement discret, il osa lui demander en face la permission d'enlever le corps de Jésus de Nazareth pour l'enterrer dans un tombeau neuf — précisément, dans le sépulcre qu'il s'était fait creuser pour lui-même dans le rocher d'un jardin proche du Golgotha. Normalement, selon la tradition des Anciens [CF. *MICHNA*, SAN. 6,4-5], tout crucifié devait être enterré à part, au cimetière des suppliciés. Cependant, Pilate ne crut pas devoir repousser la requête d'un membre influent du Sanhédrin qui, de plus, partageait son avis sur le caractère partial et hâtif de la condamnation religieuse du Nazaréen.

Revenu au Golgotha, Joseph sollicita l'aide de Nicodème qui se trouvait là également. Tous deux montèrent à des échelles, passèrent des cordes sous les bras de Jésus de façon à pouvoir plus facilement déclouer ses mains et ses pieds. Après quoi, ils détendirent les cordes et firent lentement descendre le corps, qui, plus bas, fut reçu par le centurion. C'est cet homme qui, peu après la mort de Jésus, avait déclaré à haute voix : « Celui-là était un vrai juste ! Il était certainement fils de Dieu ! » Ils l'étendirent sur une couverture. La couronne d'épines fut ôtée avec précaution en l'ouvrant par-derrière. Marie sa mère vint ensuite auprès du corps et, bien que plongée dans une profonde douleur, se mit rapidement à faire la toilette mortuaire, assistée des autres saintes femmes et de l'apôtre Jean. Ils utilisèrent successivement des éponges, des vases, des linges, des onguents et des parfums. Plusieurs longues épines qui étaient restées enfoncées dans le cuir chevelu furent retirées à l'aide de tenailles. Les plaies les plus importantes furent lavées et sommairement embaumées. On ne put, en effet, tout achever selon les règles, car le temps pressait. Il fallait que les corps des suppliciés aient tous trois été ensevelis au moment où le grand sabbat pascal commencerait à briller, autrement dit dès l'apparition de la troisième étoile dans le ciel. Le corps de Jésus fut placé dans un grand linceul et serré par des bandelettes à certains endroits. Puis on le déposa sur un brancard de cuir auquel on avait adapté deux bâtons transversaux. On recouvrit le tout d'une couverture brune. Le brancard fut ensuite porté sur l'épaule de Joseph et de Nicodème par-devant, de Jean et du centurion parderrière. Marie et les saintes femmes suivaient. Quelques soldats compatissants précédaient avec des torches pour le sépulcre. Quelques-uns de ceux du cortège se mirent à chanter des psaumes sur un air doux et mélancolique.

Ils atteignirent ainsi rapidement le jardin, puis le sépulcre creusé à même le roc. Les quatre porteurs y pénétrèrent, déposèrent le corps sur une banquette de pierre qui avait été recouverte d'un drap et d'herbes parfumées. Après quoi, ils étendirent sur lui la couverture brune, l'embrassèrent en prononçant une bénédiction et sortirent. Les autres vinrent de la même façon se recueillir un instant à son chevet. Puis on ferma la porte de la chambre mortuaire et, à l'aide de barres, on fit rouler la lourde pierre ronde sur l'entrée du tombeau. Alors, rapidement, Marie, Jean et les autres se retirèrent au cénacle* de Jérusalem.

Le lendemain, les chefs des prêtres* allèrent trouver Pilate pour lui demander de faire garder le tombeau du Nazaréen durant trois jours. Ils craignaient, en effet, que ses disciples ne viennent prendre son corps en secret pour faire croire qu'il était ressuscité des morts. Pilate leur permit seulement d'y faire poster quelques hommes à eux. Par ailleurs, les scribes du grand Sanhédrin rédigèrent le message suivant qui fut porté aux Pharisiens et responsables de synagogues de toutes les grandes villes d'Israël : « Le grand Sanhédrin vous salue et vous informe que Jésus, fils de Joseph de Nazareth, a été condamné à la crucifixion et exécuté ce 14 Nisan à Jérusalem, pour crime de blasphème du Saint Nom*, de magie démoniaque et d'usurpation de la dignité de prophète, de messie et de roi des Juifs » [CF. *MICHNA*, SAN. 11,4].

Jésus ressuscite et apparaît à sa mère

96 Au matin du premier jour de la semaine [SOIT LE DIMANCHE DE PÂQUES], alors que le ciel commençait à blanchir vers l'Orient, l'âme de Jésus, comme une gloire resplendissante, pénétra dans le sépulcre avec la foule des anges qui l'avaient escorté dans le shéol* ainsi qu'avec l'immense peuple des âmes justes qu'il en avait tiré. À cette heure-là, le rocher fut ébranlé et les gardes du Sanhédrin crurent à un tremblement de terre.

L'âme glorieuse de Jésus descendit auprès de son corps, se confondit avec lui et lui donna aussitôt vie, intégrité et gloire éternelle. Plus resplendissant qu'un soleil, le premier-né d'entre les morts s'échappa au travers de son linceul sans du tout le déplacer et s'élança hors du sépulcre suivi par le cortège royal de tous ses saints et de tous ses anges. À l'instant même, la terre trembla de nouveau et un ange semblable à un guerrier se précipita comme l'éclair pour renverser la grande pierre ronde et il s'assit dessus. À cette vue, les gardes furent saisis d'épouvante et tombèrent un moment sans connaissance.

Alors que s'accomplissait cet ineffable mystère de la résurrection, la mère de Jésus en fut divinement avertie. La joie que l'Esprit Saint tenait suspendue dans son âme l'envahit soudain comme un torrent de lumière et la fit exulter d'allégresse. Ainsi préparée, elle appela son Fils de toute son âme. Elle le vit tout à coup devant elle glorieux et resplendissant, entouré d'innombrables âmes de saints et de patriarches, qui s'inclinèrent devant elle. Aussitôt, Marie se prosterna elle-même jusqu'à terre et adora son Seigneur avec toute l'ardeur divine que lui communiquait alors l'Esprit Saint. Jésus releva lui-même sa mère, et si fort était l'incendie divin qui brûlait entre eux qu'il sembla les transformer en un seul et même buisson ardent. Le corps glorieux de Jésus enveloppa mystérieusement celui de sa mère, qui devint tout éclatant comme un globe de cristal renfermant le soleil. La mère de Dieu eut alors une connaissance directe ineffable de la gloire de l'âme et du corps de son Fils. Elle en fut toute transformée et accéda, par cette échelle christique, à une vision suréminente du mystère de la vie intime des trois Personnes divines. En cette circonstance, elle reçut tout ce que sa nature terrestre pouvait alors recevoir sans en mourir. Elle redescendit progressivement de cet état glorieux et se retrouva appuyée sur le bras de son Bien-Aimé [CF. CT 8,5]. Tout en demeurant encore dans un état sublime, elle put avoir avec son Fils un entretien très doux sur les mystères de la Passion et de la Résurrection. Elle s'adressa également aux saints patriarches et aux justes qui se trouvaient légèrement en retrait. Avec eux, elle loua Dieu de son inépuisable miséricorde en faveur de toute l'humanité. Elle les invita, ainsi que les anges, à exalter le Vainqueur de la mort, du péché et de l'enfer. Ils chantèrent des cantiques nouveaux et bientôt, à la suite de leur Seigneur, disparurent à ses regards. Marie, cependant, gardait en son cœur le sentiment de la présence du Ressuscité et ne cessait de lui rendre grâce.

Peu après, Jésus se manifesta aux femmes qui l'avaient suivi jusqu'au pied de la croix, celles-là mêmes qui s'étaient montrées les plus fidèles, les plus compatissantes et les plus confiantes. Marie de Magdala fut la première d'entre elles.

Les saintes femmes trouvent le tombeau vide

CF. MT 28,1-8 ; MC 16,1-8 ; LC 24,1-10 ; JN 20,1-2

97 Au matin de ce même premier jour de la semaine, dès qu'il fit suffisamment jour, Marie de Magdala, Marie mère de Jacques et Salomé, prirent avec elles divers aromates qu'elles avaient préparés et se rendirent au tombeau de Jésus. En chemin, elles se demandaient qui pourrait leur rouler l'énorme pierre qui obstruait l'entrée. En attendant, elles avaient résolu de déposer leurs aromates sur une pierre plate proche de celle-ci et de réciter un office pour les morts. Elles savaient que, ce même jour, des disciples devaient eux aussi venir en ces lieux et s'y recueillir. Elles n'auraient sans doute pas à attendre très longtemps pour que quelqu'un puisse leur ouvrir le sépulcre.

En s'approchant du jardin, les saintes femmes aperçurent des lanternes allumées, puis des gardes qui étaient étendus là par terre. Elles prirent peur, mais Marie de Magdala, surmontant sa crainte, entra résolument, suivie à peu de distance par Salomé. Marie mère de Jacques jugea plus prudent d'attendre à l'entrée du jardin. Elles passèrent silencieusement à côté des gardes toujours allongés et s'approchèrent du tombeau. Elles virent alors que la lourde pierre ronde avait été roulée sur le côté, de sorte qu'il suffisait de pousser la porte intérieure pour pouvoir entrer. Marie de Magdala l'ouvrit donc avec une grande anxiété et porta les yeux sur la banquette de pierre où l'on avait déposé le corps du Seigneur. Elle ne se rendit pas compte de la lueur céleste qui emplissait la pièce et ne vit pas l'ange assis à la tête ni l'autre aux pieds. Elle ne vit d'abord que les linges étendus, toujours serrés dans leurs liens, mais vides de toute présence du Crucifié. L'ange placé à droite leur dit : « Pourquoi cherchez-vous le Vivant parmi les morts ? N'ayez crainte : celui que vous cherchez, Jésus le crucifié, est ressuscité. Il n'est plus ici. Voyez la place où on l'avait mis et retournez vite auprès de ses disciples. Dites-leur ce que vous avez vu et entendu. Annoncez-leur qu'il est ressuscité et qu'il vous précède en Galilée comme il l'avait dit. Là vous le verrez. »

Aussitôt après avoir entendu ces paroles, Marie de Magdala sortit du tombeau et courut jusque dans la ville pour annoncer aux apôtres que le corps du Seigneur n'était plus là et qu'un homme vêtu de blanc leur avait déclaré qu'il était ressuscité. Salomé, de son côté, rejoignit Marie mère de Jacques, et elles regagnèrent toutes deux la maison où logeaient les autres saintes femmes.

L'épisode des gardes devant le tombeau

CF. MT 28,11-15

98 Entre-temps, les gardes de Caïphe revinrent tout à fait à eux. Quand ils eurent constaté que le sépulcre était ouvert et vide, ils furent replongés dans leurs terreurs. Ils partirent alors en hâte pour Jérusalem, afin de rendre compte à Pilate et à Caïphe de tout ce qui leur était arrivé au petit matin. Certains d'entre eux pensaient qu'ils avaient été les victimes d'une puissante magie des disciples du Nazaréen et que c'était à la faveur de leur évanouissement qu'ils avaient dérobé son corps. Plusieurs autres soutenaient au contraire que le Nazaréen avait dû vraiment se relever d'entre les morts, puisque lui-même l'avait prédit à diverses reprises devant les siens. Du reste, c'était bien pour cette raison que les chefs des prêtres* leur avaient ordonné de surveiller les lieux trois jours durant. Cette nuit, n'était-ce pas l'ange du Seigneur qui les avait surpris et frappés d'impuissance ? Qui sinon cet ange aurait pu rouler la lourde pierre sans l'aide de personne ? Tournant le dos aux Écritures qui annonçaient la victoire du Juste sur la mort [PS 16,10 ; IS 53,12 ; OS 6,2 ; AM 9,11], les autorités du grand Sanhédrin choisirent la thèse la plus défavorable à la cause de Jésus. Elles firent diverses

pressions sur les gardes pour qu'ils racontent partout que, à l'occasion de leur sommeil, des disciples étaient venus voler le corps de leur maître pour pouvoir ensuite soutenir que celui-ci était réellement ressuscité d'entre les morts. Plus tard, des scribes mirent la disparition du corps de Jésus sur le compte du jardinier qui s'occupait des lieux attenants au Golgotha. Ce sont là les thèses qui furent reprises et répandues jusqu'à ce jour par la tradition des Anciens. [CF. *TOLEDOTH YESHUH*, MS DE STRASBOURG.]

Jésus apparaît à Marie de Magdala

CF. MT 28,9-10 ; MC 16,9-11 ; JN 20,11-18

99 Alors que les gardes se retiraient du jardin, Marie de Magdala parvenait au cénacle* de Jérusalem. Elle fit une rapide déclaration à Pierre et à Jean, qui étaient déjà levés, leur disant seulement : « Le corps du Seigneur a disparu du tombeau ! Nous ne savons pas où il se trouve ni qui l'a enlevé. » Sur ces mots, elle repartit aussitôt vers le jardin. Pierre et Jean annoncèrent la nouvelle à tous les disciples qui se trouvaient là, puis se mirent rapidement en route sur les traces de Marie de Magdala.

Celle-ci, du fait de ses allées et venues, était en sueur et ses vêtements s'étaient imprégnés de la rosée du matin. Son manteau avait glissé de sa tête, ce qui faisait que, maintenant, ses cheveux flottaient librement sur ses épaules. Comme elle était seule, elle craignit d'entrer dans le tombeau. En pleurant, elle se baissa pour voir à l'intérieur. Elle aperçut deux hommes en blanc assis sur la banquette de pierre, l'un à la tête, l'autre aux pieds [CF. EX 25,22]. Parlant ensemble et comme d'une même voix, ils lui demandèrent : « Femme, pourquoi pleures-tu ? » Elle leur répondit : « Ils ont pris mon Seigneur et je ne sais où ils l'ont mis ! » Sans attendre leur réponse, elle se redressa et partit dans le jardin à la recherche du corps. Comme elle jetait des regards de tous côtés, elle aperçut à dix pas environ du tombeau, vers l'est et un peu en hauteur, une grande silhouette vêtue de blanc, mais en partie cachée par un palmier. L'homme lui demanda d'une voix un peu lointaine : « Femme, pourquoi pleures-tu ? Qui cherches-tu ? » Croyant que c'était le jardinier, elle lui répondit : « Si c'est toi qui as enlevé son corps, dis-moi où tu l'as mis et j'irai le faire prendre. » Tout en lui parlant, elle regardait de tous côtés pour repérer l'endroit où le corps avait pu être déposé. Prenant alors le ton de sa voix ordinaire, Jésus lui dit : « Mariam ! » Aussitôt, elle le reconnut, mais croyant que, comme Lazare, il avait simplement repris sa vie d'autrefois, elle lui dit comme à l'accoutumée : « Rabbouni ! », c'est-à-dire « Mon Maître ». Puis, se jetant à genoux, elle étendit les mains pour étreindre ses pieds et les embrasser comme elle l'avait fait avant sa Passion. Mais Jésus, levant la main, lui dit en souriant : « Ne me touche plus ainsi et ne cherche pas à me retenir, car je ne suis pas encore monté vers mon Père. Va donc trouver mes frères* et dis-leur que je vais bientôt monter vers mon Père et votre Père, vers mon Dieu et votre Dieu. » Après ces paroles, il disparut à ses yeux. Marie se releva et revint rapidement au tombeau. Elle revit les deux anges ainsi que tous les linges bien en place sur la banquette de pierre. Ce n'est qu'à cet instant qu'elle fut pleinement convaincue de sa rencontre avec Jésus ressuscité et qu'elle comprit qu'elle n'avait pas été le jouet d'une illusion ou d'un rêve. À haute voix, elle se mit alors à crier sa joie et sa foi : « Mon Seigneur et mon Maître, je crois en toi ! Je crois que tu es le Vivant et le Victorieux ! Étends sur nous et sur toute la terre la domination de ton Règne de sainteté ! "Que tout être vivant chante la louange au Seigneur ! Alléluia !" [PS 150,6]. »

Jésus apparaît à Simon Pierre

CF. LC 24,34 ; 1CO 15,5

100 Pierre et Jean étaient arrivés au jardin peu après le départ de Marie de Magdala. Sans craindre de contracter une impureté rituelle de sept jours [CF. NB 19,11], ils entrèrent dans le tombeau et virent les linges bien en place, ce qui suffit à convaincre Jean. Ce dernier vit également les deux anges, mais comme Pierre ne semblait pas les voir, il n'en dit rien à son compagnon. Après quoi, très étonnés et très émus de la

tournure des événements, tous deux retournèrent silencieusement à Jérusalem. Alors qu'ils approchaient des murailles de la ville, un homme marcha un instant auprès d'eux sur le chemin, puis les dépassa. Soudain, en le voyant ainsi marcher devant lui comme souvent ces dernières années, Pierre reconnut Jésus. Il frémit en lui-même et voulut l'appeler, mais déjà le Ressuscité avait disparu. Pierre était à la fois dans la joie et dans la tristesse, car il se disait : « S'il ne s'est pas arrêté et ne m'a pas parlé, c'est parce que je l'ai renié. » Il était si honteux qu'il n'osa pas demander à Jean s'il l'avait lui aussi reconnu. Mais Jean n'avait plus besoin de ce témoignage des yeux, car, par sa foi pascale toute récente, il expérimentait maintenant en son cœur une nouvelle forme de présence vivante du Seigneur bien-aimé, celle qui est un don du Père dans l'Esprit

À la plus grande gloire de Dieu. Amen. Alléluia !

*****
***
*

INDEX ALPHABÉTIQUE DES NOMS DE PERSONNES ET DE LIEUX

Les chiffres renvoient aux chapitres, non aux pages

GLOSSAIRE
DE QUELQUES TERMES TECHNIQUES

Abba Mot araméen signifiant « mon père », éventuellement « père chéri » ou « papa ». On le trouve cité dans le Targum d'Isaïe 8,4, mais aucun texte juif ne l'emploie jamais pour s'adresser directement à Dieu.

Agrapha Mot grec (au singulier : *agraphon*) signifiant les paroles de Jésus *non écrites* dans les quatre évangiles canoniques, mais que l'on trouve soit dans le reste du Nouveau Testament, soit dans d'autres écrits chrétiens des premiers siècles.

Apocryphe Vient d'un mot grec signifiant « caché ». Désigne généralement un texte ou un auteur des premiers siècles qui s'inspire d'un livre biblique pour le prolonger sous certains aspects. Dans ces productions, il se mêle des traditions orales très anciennes et sans doute historiques avec des éléments légendaires parfois en nette rupture avec la théologie biblique et ecclésiale.

Araméen C'était la langue sémitique la plus communément parlée en Israël au temps du Christ. Quant à l'hébreu, il était plutôt réservé à la liturgie et aux échanges entre lettrés. En Galilée, important carrefour de routes commerciales, on pratiquait aussi le grec à l'occasion.

Assemblée (Grande) Se réfère ici au rassemblement des croyants se réclamant du Christ Jésus. Le terme renvoie au *qahal* hébreu ou à l'*ekklèsia* grecque (parfois dénommée *synagôgè*) qui, dans l'A.T., visait l'*assemblée* du peuple de Dieu. Chez les premiers chrétiens, ce mot a pris le sens technique de la communauté « Église » qui se rassemble pour la Parole et l'action liturgique.

Azymes Fête juive des Pains sans levain, qui dure sept jours et se confond avec le début de la Pâque.

Barabbas Ce célèbre prisonnier semble bien avoir porté aussi le nom de Jésus, qui était fréquent à l'époque (de très anciens manuscrits grecs l'attestent). Quand on sait que l'araméen « Bar-Abba(s) » signifie « fils du père », on peut comprendre que Pilate ait pu jouer aussi de ce registre linguistique : inviter le peuple à choisir entre deux fils du Père !

Béni (le) Manière détournée et respectueuse de désigner Dieu chez les Juifs. On disait aussi le Royaume des cieux pour signifier le Royaume de Dieu.

Cénacle Désigne la salle où Jésus mangea sa dernière Pâque avec les Douze à la veille de sa mort.

Chlamyde C'était le manteau réglementaire des soldats romains. Sa couleur rouge pouvait évoquer, par dérision, la pourpre royale.

Christ Retranscription du grec *christos* = oint, et qui traduit l'hébreu *mâschiaH* et l'araméen *meschiHâ* = Messie, Oint. Les Latins se sont contentés de reprendre le terme grec auquel ils ont donné la forme *Christus*, devenue « Christ » dans nos langues modernes. Les termes Christ, Messie et Oint sont pratiquement synonymes.

Décapole Groupe de dix villes essentiellement hellénistiques à l'est du Jourdain. Depuis Pompée (63 av. J.-C.), elles jouissaient d'une certaine autonomie politique.

Dédicace Fête juive (en hébreu : *Hanukkah*) de huit jours, qui commémore la nouvelle consécration du

Temple par Judas Maccabée, en 165 av. J.-C. Célébrée vers la fin décembre, c'est une fête de lumière.

Essénien Groupe religieux assez en marge du judaïsme officiel et au messianisme complexe (de 100 av. J.-C. à 68 apr J.-C.). Il connaissait diverses modalités de rattachement : de la vie monastique communautaire stricte à la vie de famille avec un certain nombre d'observances ascétiques. Mieux connu depuis 1947, début des découvertes des manuscrits de Qumrân, près de Jéricho.

Évangile Mot qui vient du grec et qui signifie « Bonne Nouvelle ». Renvoie non pas d'abord à un écrit, mais à l'annonce orale du salut universel en Jésus Christ, Parole vivante de Dieu, voie unique vers le Père céleste.

Fils de l'homme Expression qui se rattache à la tradition apocalyptique juive. On la trouve surtout en Daniel 7, 13 où elle désigne un personnage mystérieux que la tradition pharisienne identifiait avec le Messie.

Frère Voir plus loin le mot **Sœur**.

Gamaliel (l'Ancien) Grand maître pharisien, docteur de la Loi, fut le maître de Saul de Tarse (le futur saint Paul ou *Paulus* = le Petit). Gamaliel se montra relativement favorable aux chrétiens comme semble le prouver l'épisode relaté en Actes 5,34.

Gethsémani Mot araméen signifiant « Pressoir des huiles ».

Golgotha Mot araméen signifiant « lieu sphérique, crâne », en latin *calvaria*, d'où notre mot « calvaire ».

Grand prêtre L'année de la mort de Jésus, il s'agissait de Caïphe (cf. plus bas le mot **Prêtre**).

Hadès Pour les Grecs, l'Hadès était le séjour des morts, ce que les Hébreux rendaient par le mot *shéol* (cf. plus bas), lieu mystérieux d'attente et de ténèbres.

Haroçet Mets rituel du repas pascal, qui est un mélange de dattes et autres fruits avec des épices. Il symbolisait le mortier employé par les Hébreux en Égypte.

Hékal Nom hébreu désignant la grande salle de culte dans le Temple de Jérusalem (appelée aussi « le Saint »). Elle donnait sur le *Debir* ou *Saint des saints* (cf. plus bas), dont elle était séparée par un grand voile. Cette salle cubique d'environ neuf mètres de côté contint l'arche d'alliance jusqu'à l'Exil, puis elle resta vide.

Hérode Il s'agit du tétrarque Hérode Antipas, qui régna de 4 av. J.-C. à 39 apr. J.-C. Son père, Hérode le Grand, rebâtisseur du nouveau Temple, était mort en 4 av. J.-C.

Hillel Grand maître pharisien, responsable d'une école rabbinique libérale qui s'opposa à celle de Rabbi Shammaï, plus rigoriste.

Joppé Port donnant sur la Méditerranée, aujourd'hui Jaffa.

Kiddoush Signifie « sanctification » en hébreu. Il s'agit d'une courte liturgie juive introduisant le repas sabbatique. Elle est centrée sur le vin, symbole d'action de grâces et de joie, et du pain, symbole du soutien divin et de vie.

Lévite Membre de la tribu sacerdotale de Lévi. Les lévites avaient le droit de gérer un certain nombre d'affaires du Temple (culte, enseignement, justice).

Logia Mot grec désignant les paroles de Jésus (*logion* au singulier) rapportées par les quatre évangiles et parfois ailleurs.

Mamon Nom qui décalque le terme hébreu désignant la richesse personnifiée, voire la richesse déifiée. Est plusieurs fois cité ainsi dans le Talmud.

Manne De l'hébreu *man-hou* : « Qu'est-ce que cela ? » Désigne d'abord la nourriture providentielle que Dieu envoya aux Hébreux dans le désert (Ex 16,15). Il s'agissait sans doute de la légère sécrétion végétale d'une variété de tamaris, portée par le vent. Les chrétiens y virent une figure prophétique de l'Eucharistie.

Mer Salée Manière biblique de désigner l'actuelle mer Morte.

Messie Transcription du mot hébreu *Maschiah* signifiant « Oint », traduit en grec par *Christos* (Christ) : ce terme caractérise le fait d'avoir reçu une onction d'huile dans le cadre du rite juif de consécration royale ou sacerdotale.

Naziréat Période de consécration à Dieu au cours de laquelle le fidèle s'astreignait, par vœu, à une ascèse particulière (cf. Nb 6,2-8 ; Ac 21,23-26).

Nom (le) Chez les Juifs, désigne la présence très sainte de Dieu, voire le Nom révélé à Moïse : YHWH, qui peut se traduire par « Je Suis Celui qui Est » ou tout simplement « Je Suis ». Nom que Jésus s'approprie solennellement durant sa Passion (Mc 14,62), ce qui précipite sa condamnation à mort.

Papyrologie Étude scientifique des anciens papyrus, supports fréquents de l'écriture au Proche-Orient durant l'Antiquité.

Pâque Au début du printemps, c'était la plus grande des trois fêtes de pèlerinage (avec Pentecôte et Tentes), qui faisaient monter une majorité du peuple juif au Temple de Jérusalem. On y célébrait alors les merveilles de Dieu : le passage *(pessah)* de l'esclavage d'Égypte à la liberté des enfants de Dieu. Lors de la première nuit de fête, on partageait en famille un repas liturgique ayant valeur de mémorial. On y mangeait en hâte l'agneau pascal tout en évoquant le passage de l'Ange du Seigneur (cf. Ex 12). La Cène eucharistique de Jésus, le soir du Jeudi saint, semble s'être insérée dans le cadre d'un tel repas liturgique.

Parabole Comparaison imagée, plus ou moins énigmatique, qui équivaut généralement au *mashal* des prophètes et des rabbis. Son but était surtout pédagogique et mnémotechnique, mais parfois aussi prudentiel.

Patibulum Poutre transversale de la croix, habituellement munie d'un trou en son centre. C'est par un système de mortaise qu'on l'adaptait sur l'autre partie horizontale, qui restait normalement fichée en terre au lieu du supplice (sauf, précisément, au moment des grandes fêtes). Au IIe siècle, Plaute témoigne encore de cet usage : « Qu'il porte son *patibulum* par la ville et soit ensuite attaché à la croix! » (*Nonius*, III, 183.) Cependant, si le Suaire de Turin est l'authentique linceul du Christ, l'examen des traces sur ce tissu conduit plutôt à penser que l'homme du Suaire a porté une croix entière. Pour les historiens, la chose est possible, quoique guère plausible.

Pérée Désignait la région est au-delà du Jourdain et de la mer Morte.

Pharisien Au temps de Jésus, ce parti laïc dit des « Séparés » (en hébreu : *perushim*) comptait environ

6 000 membres. Leur attention religieuse portait sur tout sur les trois points suivants de la Loi : le respect du repos sabbatique, la pureté rituelle et le paiement des redevances culturelles. Ils croyaient à l'immortalité personnelle, au jugement par Dieu après la mort, à la résurrection des corps au dernier jour, à l'action prévenante des anges et à la venue d'un roi-messie. Jésus compta quelques amis parmi eux (cf. Lc 7,36).

Poisson Jésus choisit ses premiers apôtres parmi des pêcheurs et promit à Pierre qu'il pêcherait un jour des « poissons » dans son filet spirituel, autrement dit des fidèles au Christ. Durant les premiers siècles de l'Église, le poisson a souvent désigné Jésus lui-même. Entre autres, on s'était aperçu que le mot grec ICHTUS (« poisson ») était en même temps le monogramme de l'expression : « Jésus Christ, fils de Dieu, Sauveur » (en grec : *Ièsous Christos Theou Uios Sôter*).

Prêtre Les prêtres juifs étaient des descendants d'Aaron, frère de Moïse, de la tribu de Lévi. Ils se répartissaient en vingt-quatre classes ou familles, qui assuraient à tour de rôle le service cultuel du Temple Le *grand prêtre* était leur chef suprême. Il était considéré comme le médiateur par excellence entre Dieu et le peuple (il offrait le sacrifice quotidien et entrait seul dans le Saint des saints une fois par an au jour des Expiations). Il présidait le Sanhédrin. À l'époque du Christ, ce titre de «grand prêtre » désignait également les grands prêtres honoraires et de hauts fonctionnaires du Temple.

Prosélyte Païen qui s'est converti au judaïsme.

Publicain Employé du fisc romain recouvrant les droits de péage, d'octroi, de douane. Les petits fonctionnaires étaient recrutés dans la population locale.

Rabbi Forme sémitique pouvant se traduire par « Maître ». En Israël, devint un titre honorifique généralement donné aux docteurs de la Loi.

Rabbouni Forme araméenne à la fois plus honorifique et affectueuse que le simple terme hébreu de « Rabbi ». On pourrait le traduire par « mon grand Maître ».

Recensement S'appuyant entre autres sur des données de Flavius Josèphe, les historiens supposent qu'il y eut un recensement général de l'Empire romain vers le début de l'ère chrétienne, mais probablement préparé par plusieurs recensements partiels dès l'époque d'Hérode le Grand († –4 av. J.-C.). Celui dont parle l'évangéliste Luc (cf. Lc 2, 1-2) serait le premier ordonné par le gouverneur romain de Syrie, Publius S. Quirinius, durant sa première légation dans les années 10-8 av. J.-C., et aurait été achevé vers les années 6-5 av. J.-C. Sur cette question discutée, l'archéologie n'a sans doute pas encore dit son dernier mot.

Sabbat Repos du septième jour qui s'appuie sur un ordre divin donné à Moïse (Ex 31,13). Ce temps libre devait être offert à Dieu pour l'étude de l'Écriture, la prière et le partage en famille. Chez les Chrétiens, le dimanche (jour de la résurrection de Jésus) s'y est très tôt substitué (cf. Ac 20,7 ; 1 Co 16,2).

Sadducéen Parti religieux recrutant surtout dans l'aristocratie sacerdotale et laïque de Jérusalem. Très conservateur, souvent intransigeant et hostile aux perspectives spiritualistes des Pharisiens, il refusait, par exemple, de croire aux anges, à l'immortalité et à la résurrection. Ce parti disparut avec le Temple en 70 apr. J.-C.

Saint des saints (**Debir** en hébreu) Substitut de la Tente de la rencontre dressée par Moïse dans le désert et situé dans la pièce la plus sacrée et la plus secrète du Temple (cf. ci-dessus **Hékal**).

Sanhédrin Conseil juif suprême de soixante et onze membres. Lui seul, réuni au grand complet, pouvait juger le cas d'un faux prophète, crime religieux normalement puni de mort (cf. Dt 18,20 ; *Michna*, San. 1,5). Pour obtenir la condamnation, il fallait une majorité d'au moins deux voix.

Satan Au sens littéral en hébreu : l'Adversaire. C'est l'un des noms bibliques qui désignent le Mauvais, le Diable, le Prince de ce monde.

Scribe Docteur de la Loi, à la fois exégète, légiste et juriste, le plus souvent du parti des Pharisiens.

Shéol Lieu des morts (ou « les enfers ») que les israélites imaginaient très loin sous terre, rempli d'obscurité et d'âmes esseulées.

Signe Manière johannique de désigner le « miracle ». Cet acte surnaturel n'a pas pour but d'émerveiller, mais d'authentifier une parole sainte et de *signifier* la venue d'un nouvel ordre dans l'univers, prémices du Royaume du Christ.

Sœur (et **frère**) Au Proche-Orient, désigne souvent soit un proche parent, soit un disciple du Christ, c'est-à-dire l'un de « ceux qui écoutent la parole de Dieu et la mettent en pratique » (Mc 3,35 ; Jn 20,17).

Thora Terme hébreu qui peut se traduire par « Loi » et qui recouvre en fait l'ensemble des cinq livres de Moïse ou « Pentateuque ».

Tishri Septième mois de l'année lunaire juive, correspondant à peu près à septembre/octobre, le premier mois étant celui de Nisan en mars/avril.

Trachonitide Région qui s'étendait à l'est du Mont Hermon et du cours supérieur du Jourdain, en Haute-Galilée.

Vie de N.S. Jésus Christ (épuisé), par A.-C. Emmerich, traduction Cazalès, éd. Ambroise Bray, Paris, 1860, six tomes. À ce niveau, notre discernement a souvent été éclairé par les judicieuses remarques données par le Dr A. Brieger dans son étude scientifique consacrée aux notes manuscrites de Clemens Brentano, secrétaire de la Sœur Emmerich : *Der Gotteskreis*, Manz Vg, München, 1960.

Pour quelques épisodes, que nous avons notablement revus à la lumière de l'histoire et de l'exégèse, on pourra aussi consulter le récit des visions de Maria Valtorta dans *Il Poema dell'Uomo-Dio*, Centro Ed. Valtoriano srl, Isola-del-Liri (Italie), 1985 ; traduction française disponible en dix tomes chez le même éditeur sous le titre : *L'Évangile tel qu'il m'a été révélé*.

Des considérations spirituelles de grande profondeur ont parfois été trouvées dans l'œuvre de la vénérable Marie d'Agréda : *La Cité mystique de Dieu*, traduite en français par le Père Thomas Croset, rééditée en six tomes à Paris en 1857.

Nous avons trouvé quelques enseignements remarquables du Christ des Évangiles dans les confidences de la bienheureuse Mariam de Jésus-Crucifié. Voir surtout la biographie de son confesseur, le Père Pierre Estrate : *Vie de Sr Marie de Jésus-Crucifié* (épuisé), éd. Gabalda, Paris, 2e éd. augmentée, 1916.

Pour l'histoire (en hébreu : *toledoth*) de Jésus vue selon le Talmud, on pourra consulter avec profit *L'Évangile du Ghetto*, de J.-P. Osier, Paris, 1984.

Pour les agrapha de Jésus, on pourra se reporter à l'ouvrage relativement complet de J. Jeremias, *Des mots inconnus de Jésus*, Zurich, 1948.

Concernant les évangiles apocryphes, il existe beaucoup d'éditions fiables. Pour le grand public, celle de France Quéré est excellente : *Évangiles apocryphes*, Paris, 1983. On peut également citer le texte récent à caractère scientifique édité chez Gallimard dans la collection « La Pléiade » : *Écrits apocryphes chrétiens* (tomes 1 et 2).

TABLE

« ÉSOTÉRISME ET SPIRITUALITÉ »

Les titres suivis d'un astérisque * sont inédits
Les titres suivis d'un § sont des traductions

Choisir la voie de l'être
Une collection pour prendre le temps de méditer sur le sens de sa vie et se donner les moyens de vivre celle-ci pleinement et sans dépendance.

DÉCOUVRIR LES GRANDES TRADITIONS SPIRITUELLES

Le Bouddhisme tibétain

Berchulz Samuel et Sherab Chözin Kohn
Pour comprendre le bouddhisme
Un voyage initiatique à travers les textes essentiels et les différentes écoles.

Sa Sainteté le XIVe Dalaï Lama
La lumière du Dharma
Classification des grands principes du bouddhisme tibétain et l'essentiel de la doctrine.

Un océan de sagesse §*
Une initiation à la démarche bouddhiste.

Le monde du bouddhisme tibétain
L'exposé définitif de la pensée et de la pratique bouddhistes conformément à la tradition tibétaine par son autorité suprême.

Samsara
Se libérer de la souffrance, combattre l'intolérance par la non-violence.

Avec Jean-Claude Carrière
La force du bouddhisme
Quand le chef spirituel du bouddhisme parle des grands problèmes de notre temps, de la mort et de la réincarnation.

Avec Fabien Ouaki
La vie est à nous
Quand le maître spirituel du bouddhisme parle de notre vie quotidienne.

Kyra Pahlen
Bouddha, le roman de sa vie

Thich Nhat Hanh
Sur les traces de Siddharta
Un roman initiatique lumineux où l'on chemine aux côtés du Bouddha comme un simple disciple en suivant son enseignement. Un best-seller par un maître spirituel de renommée internationale.

David-Néel Alexandra
Au pays des brigands gentilshommes
Le bouddhisme du Bouddha
Immortalité et réincarnation
L'Inde où j'ai vécu
Journal (tome 1 et 2)
Le lama aux cinq sagesses
La lampe de sagesse
Magie d'amour et magie noire
Mystiques et magiciens du Tibet
La puissance du néant
Le sortilège du mystère
Sous une nuée d'orages
La vie surhumaine de Guésar de Ling
Voyage d'une Parisienne à Lhassa

Le bouddhisme zen

Crépon Pierre Dokan
Pratiquez le zen *
Le guide du zen en France. Un ouvrage de référence et une transmission authentique par un moine zen enseignant en France.

Joko Beck Charlotte
Soyez zen §*
Un ouvrage devenu un classique qui explique aux Occidentaux dans leur langage les bienfaits du zen au quotidien.

Vivre zen §*
Donner un sens à chaque acte pour faire de la vie une communion et non un combat.

Le taoïsme

Cleary Thomas
Le secret de la fleur d'or §*
Première traduction intégrale du grand classique taoïste « Le livre de vie » qui inspira l'œuvre de Carl G. Jung.

Les pensées de Confucius §*
Nouvelle traduction commentée des célèbres aphorismes. L'essentiel de l'enseignement du grand philosophe d'une étonnante modernité.

Le soufisme

Bernard Jean-Louis et Duboy Bernard
Mehdi, l'initiation d'un soufi
Un conte initiatique lumineux au cœur de la sagesse orientale.

Feild Reshad
La voie invisible
Un superbe récit initiatique qui montre le cheminement d'un homme d'aujourd'hui sur la voie soufie au fil des rencontres amicales, amoureuses et spirituelles.

Ibn'Arabi
Voyage vers le maître de la puissance
Un grand classique. Le manuel de méditation du chef spirituel du soufisme.

Shah Idries
Sages d'Orient
Un grand classique. Récits et contes traditionnels de l'enseignement soufi.

La spiritualité amérindienne

Bear Sun et Wabun
La roue de la médecine
La vision amérindienne du cosmos et du zodiaque, les animaux, végétaux et minéraux totems pour tous les signes et les quatre saisons.

Eastman Charles A
L'âme de l'Indien §*
Un destin d'exception et un itinéraire spirituel au service de la nation indienne.

Nerburn Kent et Mengelkoch Louise
Paroles des sages d'Amérique du Nord §*
Une encyclopédie de la sagesse amérindienne pour retrouver le sens du sacré.

Le chamanisme

Castaneda Carlos
L'art de rêver – Les quatre portes de la perception de l'univers
Un voyage dans les méandres de l'inconscient qui rend possible l'accès à d'autres espaces et le «passage à l'infinité». Un best-seller.

Hardy Christine
La connaissance de l'invisible
Une approche ethnologique et psychologique de l'autre réalité.

Harner Michael
La voie spirituelle du chamane
Un grand classique, passionnant témoignage vécu, initiation au voyage chamanique par un anthropologue américain.

Grim John A.
Chamane, guérisseur de l'âme §*
Une étude fondamentale sur les phénomènes de transe, sur le dialogue avec le cosmos et sur les rites de guérison chamaniques sibériens et ojibwas.

Jaoul de Poncheville Marie
Molom – Le chamane et l'enfant
Un superbe conte initiatique dans la steppe mongole de la veine du *Petit Prince.*

Kharitidi Olga
La chamane blanche
Lorsqu'une psychiatre russe combattant la puissance du chamanisme découvre les pratiques de celui-ci au point d'intégrer cette magie à l'exercice quotidien de son métier.

Meadows Kenneth
L'envol de l'aigle
Réapprendre le rythme de la nature et communier avec elle grâce aux pratiques traditionnelles des chamans du monde entier.

Mercier Mario
L'enseignement de l'arbre-maître
Une vision chamanique de l'univers qui nous invite à un retour en nous-mêmes car nous sommes le reflet du monde de la nature. L'homme est un arbre qui tend vers le ciel.

Wesselman Hank
Celui qui marchait avec les esprits
Le récit extraordinaire de l'histoire vécue par un professeur d'anthropologie au cours de voyages chamaniques et qui lui a permis de communiquer avec le futur. Le nouveau Castaneda. Un livre exceptionnel.

Les traditions occidentales

Blum Jean
Mystère et message des Cathares
Hérésie ou religion de la liberté individuelle. Un ouvrage de vulgarisation de la pensée cathare.

Jacq Christian
Le voyage initiatique
La transmission authentique d'un maître d'œuvre qui commente les trente-trois degrés de la sagesse inscrits dans le portail de la Vierge de la cathédrale de Metz.

Thorsson Edred
La magie des runes §*
Communiquer avec les dieux grâce à l'alphabet secret et sacré des Vikings.

L'Égypte ancienne

Jacq Christian
La sagesse égyptienne
Une approche de la culture et de la spiritualité pharaoniques.

Thibaux Jean-Michel
Pour comprendre l'Égypte ancienne

Le tantrisme

Odier Daniel
Tantra
Pour la première fois, un initié au tantrisme shivaïte dévoile les pratiques et les rites de l'érotisme sacré où sexualité et mystique ne font qu'un. Un récit envoûtant.

BÂTIR UN PONT ENTRE ORIENT ET OCCIDENT

Crépon Pierre Dokan
Le bouddhisme et la spiritualité orientale
Le dictionnaire indispensable de toutes les notions et écoles de la spiritualité orientale.

Dürckheim Karlfried Graf
Pratique de l'expérience spirituelle
Un grand classique sur la découverte de l'être intérieur et la quête du sens de sa vie.

Fontaine Janine Dr
La médecine des chakras
Un ouvrage de référence qui introduit avec efficacité l'ésotérisme en médecine.

Notre quatrième monde
Quand le «corps-onde» vient secourir le corps physique. Un ouvrage qui bouleverse notre conception de la médecine

Fontana David
Le livre de la méditation §*
Le guide indispensable pour explorer toutes les techniques de méditation et choisir son chemin vers la sénérité.

Pauwels Louis
L'apprentissage de la sérénité §*
Un livre lumineux qui montre que rien n'est plus précieux pour l'homme que sa richesse intérieure.

Smedt Marc de
Le rire du tigre
Un témoignage exceptionnel sur la vie auprès du maître Taïsen Deshimaru qui introduisit le zen en Occident dans les années 70.

Solt Bruno
Mystiques et maîtres spirituels contemporains
Un ouvrage de référence et un guide indispensable à l'attention de ceux qui cherchent.

Talbot Michael
L'univers est un hologramme §*
Une enquête passionnante montrant que les découvertes scientifiques récentes dans le domaine de la parapsychologie – et leurs

conséquences sur la perception du vécu et de la réalité – confirment les dires des mystiques de toutes les traditions.

SE PRÉPARER À LA MORT ET ACCOMPAGNER LA FIN DE VIE

Denaux Garance
La mort accompagnée §*
Un témoignage émouvant de trois cas d'accompagnement et des conseils aux familles pour trouver les mots et les gestes.

Hennezel Marie de
La mort intime – Préface de François Mitterand
« Ceux qui vont mourir nous apprennent à vivre ». Un best-seller mondial sur l'accompagnement des mourants.

Kübler-Ross Elisabeth Dr
La mort, dernière étape de la croissance
Convergences et divergences des différents regards que les religions et les philosophies du monde entier portent sur la mort en tant qu'étape d'évolution spirituelle.

La mort est un nouveau soleil
Des témoignages saisissants prouvant que la mort est le passage à un autre état de conscience.

Martino Bernard
Voyage au bout de la vie
Un document exeptionnel sur l'accompagnement des mourants aujourd'hui en France par le réalisateur du *Bébé est une personne.*

DIALOGUER AVEC L'AU-DELÀ

Barbarin Georges
L'après-mort
Une encyclopédie des différentes conceptions de l'au-delà dans les grandes traditions.

Desjardins Denise
La mémoire des vies antérieures
Des témoignages exceptionnels de scientifiques et de médecins à la suite de séances de « lying » pratiquées en Inde avec des maîtres authentiques.

Drouot Patrick
Nous sommes tous immortels
Un grand classique sur le voyage avant la vie et ses conséquences thérapeutiques pour l'homme d'aujourd'hui.

Des vies antérieures aux vies futures
Revivre le passé permet-il de se projeter dans le futur ? Réflexions d'un physicien français voyageur du temps.

Guérison spirituelle et immortalité
Parce que l'être humain peut se mettre en résonance avec le champ vibratoire d'autrui, les pouvoirs de l'esprit peuvent guérir le corps. La maladie n'est plus une fatalité mais une crise de transformation ou émergence spirituelle.

Eadie Betty J.
Dans les bras de la lumière
Un témoignage lumineux sur l'au-delà : la rencontre des anges et du divin a bouleversé la vie de l'auteur. Un best-seller mondial.

Guillo Alain
À l'adresse de ceux qui cherchent
Dans la solitude d'une prison afghane, le témoignage lumineux d'un journaliste sauvé par son dialogue avec l'au-delà.

Kastenbaum Robert
La réincarnation est-elle possible ?
Tous les arguments pour et contre une vie après la mort étayés par les travaux des plus grands scientifiques.

O'Jacobson Nils
La vie après la mort ?
Un grand classique sur les pionniers de la recherche dans le domaine de la parapsychologie.

Osis K. et Haraldsson E.
Ce qu'ils ont vu au seuil de la mort
Une passionnante enquête scientifique internationale avec des témoignages d'expériences proches de la mort (NDE).

Ragueneau Philippe
L'autre côté de la vie
Le témoignage bouleversant d'un homme qui continue de communiquer avec son épouse Catherine Anglade par-delà la mort. Un best-seller.

Renard Hélène
L'après-vie
Quatre expériences vécues ici-bas prouvant la vie après la mort. Un best-seller.

Stephens Elaine
Vos vies antérieures §*
Une méthode simple, l'autohypnose, pour découvrir qui vous avez été et comprendre qui vous êtes aujourd'hui.

MIEUX SE CONNAÎTRE ET RETROUVER L'HARMONIE

Beattie Melody
Vaincre la codépendance
Comment reconnaître et maîtriser les processus de la dépendance à une drogue, au travail ou à autrui.

Borrel Marie et Mary Ronald
Guide des techniques du mieux-être §*
Un guide pratique pour choisir la technique de développement personnel qui vous convient.

Guide des médecines différentes §*
Soixante autres façons d'envisager la santé. Un guide pratique pour tout connaître sur les médecines holistiques, leur mode de fonctionnement et leur spécificité thérapeutique.

Chun-Tao Cheng Stephen
Le tao de la voix §*
Maîtriser le souffle et la voix est le premier pas vers l'éveil de soi.

Edde Gérard
L'énergie curative des couleurs *
Une méthode de santé taoïste inédite rendue accessible à tous.

Filliozat Isabelle
Trouver son propre chemin
Au fil de soixante situations quotidiennes, une psychothérapeute nous aide à explorer nos cinq sens, nos rêves, nos projections, nos phobies et nos espoirs pour retrouver la confiance en soi. Un best-seller.

Holley Germaine
Comment comprendre votre horoscope
Un grand classique pour s'initier à l'astrologie, science de connaissance de soi et d'évolution.

Kerforne P. et Questin M.-L.
Guide de la joie permanente §*
Du rêve lucide à la méditation, du yoga druidique à l'autohypnose, de l'apprentissage du silence au « gai-rire », des outils pour découvrir sa richesse intérieure.

Khaitzine Richard
Transformez vos rêves en réalité *
Des expériences guidées de visualisation créatrice pour réussir sa vie tant au plan affectif que professionnel.

Leygues Anne-Béatrice
Do In la voie de l'énergie
Une technique douce d'automassage pour réharmoniser ses énergies.

Louvigny Philippe de
Trouvez votre partenaire grâce à la numérologie *
La méthode Louvigny appliquée aux affinités électives.

Monroe Robert A.
Le voyage hors du corps
L'ouvrage de référence sur les techniques de projection spatiotemporelle par le pionnier en ce domaine.

Morando Philippe
Maîtrisez votre destin
Des repères pour comprendre la cause de ses échecs et vivre au quotidien la pensée positive.

Nichols Rosana
Vivre la voyance *
… telle une vocation et une mission d'aide à autrui.

Panafieu Jacques de
La rebirth-thérapie
Revivre sa naissance grâce à une technique particulière de respiration pour dénouer ses tensions intérieures.

Raquin Bernard
Comment sortir de son corps *
Réussir la maîtrise du voyage astral et l'utiliser à des fins positives.

Salvatge Geneviève
Décodez vos rêves *
Un ouvrage très original qui permet d'interpréter soi-même ses rêves en les intégrant au vécu.

Un prénom à vivre *
Lire, entendre, dessiner son prénom, en percevoir les résonances chez autrui pour mieux en comprendre le message et la fonction.

Siegmund Cora et Harry
Atteindre son but §*
Mieux communiquer et faire passer son message grâce à une technique inspirée de la programmation neuro-linguistique.

Volkmar John
Ces pouvoirs qui sont en vous §*
Des exercices pratiques à la portée de tous.

Achevé d'imprimer sur les presses de

BUSSIÈRE

GROUPE CPI

à Saint-Amand-Montrond (Cher)
en juillet 2002

POCKET - 12, avenue d'Italie - 75627 Paris Cedex 13
Tél. : 01-44-16-05-00

— N° d'imp. : 23909. —
Dépôt légal : août 2000.

Imprimé en France